日

シアリー

SincereLEE

はじめに

お久しぶりです、または初めてお目にかかります。私はシンシアリーという筆名を使っている者で、四十代の韓国人です。とあるところで歯科医師をやっていましたが、とあるきっかけと、とある経緯で、いまは日本に移住、こうして本やブログを書きながら、日本のことを学ぶ毎日です。自分で考えてもユニークな人生で、韓国の日本領事館の方からも「変わったケースですね」と言われたことがあります（笑）。

併合時代に小学生だった母から「絶対に使い道があるから、日本語を学んでおきなさい」と言われ、幼かった頃から日本語ができたからでしょうか。一九八〇年代、韓国の中国大使館近くで売られていた日本のテレビ雑誌や、当時としては珍しかったビデオテープを通じて、それからはネットの普及で、日本側の情報、特に本を（エロ本以外は）もっと自由に買えるようになり、いわば「日本語に守られた」おかげで、韓国特有の反日思想に侵されずに済みました。この本が書店に並ぶ頃には、たぶん、帰化を申し込んでいることでしょう。

自己紹介はこれぐらいにして、「はじめに」ですが、最近、韓国側の様々な主張で「地位」という言葉が暴走しています。政治家から大手マスコミまで、教授の寄稿文から個人ブログ、ネットのコメントまで、地位、韓国では「位相（ウィサン）」とも言いますが、この単語が目立ちます。

日本からの「国家間の約束を守れ」や米国からの「日米韓関係において相応の役割をしろ」とする要求に対しても、最近は「韓国は何もしなくていい」という主張が流行っています。

「何もしなくていい」は、「地位が高いから」という意味であり、まるで「身分が高い人は何もしなくていい」と思っていた、昔の貴族のような考え方です。

本書では日本に関する内容を主に書いていきますが、米国に対しても、「リッパートやハリスのような小物は韓国の大使にふさわしくない」という記事が全国紙に載ったり、重鎮とされる政治家が「米国は韓国に頭を下げるしかない」と公開的に主張したり、やりたい放題です。ただ、なぜか中国に対しては、ネットの匿名コメント以外には、このような主張は目につきません。

韓国は偉い、だからその地位にふさわしい待遇をもらうべきだ。地位にふさわしい対応をしてくれない世界（特に、相手は日米）が悪い。この主張は、実は、韓国社会内部でもっとも大きな問題になってきた「不公正」という単語が、外部に投影されたものです。韓国社会は「地位」を証明するために根拠を探そうとしており、なにかあれば「そうだ、これが根拠だ」と大喜びします。その根拠とは、ワールドカップベスト・フォー進出だったり、キム・ヨナ氏やパク・セリ氏などスポーツ選手だったり、映画やドラマのヒットだったりします。ほぼ間違いなく「民族の優秀さ」という言葉がセットで付いてきます。

世界を立体で見ることができず、面で見ることもできず、「点」で見ている、とでも言いましょうか。それらの「点」は、そんな使い方をするためのものではないでしょうに。韓国では、背の高さ、英語点数、親の資産など、いくつかの限られた側面だけで人の上下を決める言葉が、「スペック」「階級論」などと呼び名を変えながら、常に流行っています。それが国家レベル、外交レベルで現れたものが、「地位」ではないだろうかと、私は見ています。

もともと善悪論もどきな上下関係を基準としている、韓国の反日思想においては、数年前からこの暴走が著しく、ついに大統領が「日本が盗人猛々しい《ぬすっとたけだけしい》」と話したり、大手ケーブルテレビ局が「日本は、韓国の支援が欲しければ『日本人でごめんなさい』と言うべきだ」と公言したり、複数のマスコミがオリンピックで日本の国歌を歌った日本人歌手を悪者扱いしたり、そんな惨状となりました。

これは一部の問題ではありません。韓国、ソウル大学アジア研究所が二〇二二年一月十二日に公開した調査結果によると、韓国人が「韓国が協力していくべき国」と思っている国のなかで、日本は最下位の二十位でした。

昔は、反日といっても、日本から学ぼうとか、北朝鮮問題で日米韓協力が必要だとか、そんな意見が結構ありましたが、「もう必要ない」と考える人が増えてきたわけです。余談ですが、「好感が持てる国」でも日本が最下位（十九位が北朝鮮）。「信頼する国」で日本は十九位（最下位は中国）でした。

日本ではよく、「北朝鮮のミサイルに対応するためには日韓関係改善が必要だ」とか、「文化交流が多いから」とか、「次期政権になれば日韓関係も変わる」などという意見を耳にします。まるで、未来から来た猫型ロボットに「こんなこと、できたらいいな」とお願いするような、儚《はかな》い意見です。

アニメを楽しんでいる人に「あんなこと、できるわけがないだろう」とは言いづらいものです。同じく、この手の意見は、あまりにも美しく、夢のある意見だからこそ、「できたらいいけど、私は、できないと思います」とは言いづらいものです。だからこそ、でしょうか。とにかく関係改善すべきだと先に言ったもん勝ち、言った人は善良な人、反対すれば悪い人、そんな雰囲気すら感じられます。

本書は、「できないと思います」を、「なぜなら～」とともに綴っていく本です。申し訳ありませんが、かなり不愉快な内容も含まれています。この本だけが正解で、他の主張は全て間違っていると言い切ることもできません。でも、自分に嘘はついていません。率直に書きました。どうか、最後のページまでご一緒できればと願ってやみません。

二〇二二年　冬

シンシアリー

目次

目次

第二章　傲慢な錯覚の象徴「K防疫」の崩壊

第三章　歴代級の「非好感」韓国大統領選挙

第四章　朴槿恵《パククネ》前大統領「特別赦免《しゃめん》」の狙い

第五章　韓国左派陣営が目論む「終戦宣言」

終章　嘘が暴露する「卑日」の本質

第一章　韓国で蔓延《まんえん》する新反日思想「卑日《ひにち》」

韓国の小学生が描いたおぞましい反日ポスター

生まれたときから「日本は韓国に謝罪と賠償すべきだ」という言葉を見て、聞いて、そしていつの間にか自分で話すようになる、そんな環境で育つのが韓国人です。事例を上げるとキリがないし、これまで書いてきた拙著や「シンシアリーのブログ」の記事すべてが事例とも言えますが、一つ、最近のことで話を始めたいと思います。本書の冒頭で紹介するにはあまりにも見苦しい内容ですが、これからの展開に必要なものですから。

いつから該当掲示物がネットにあったかは分かりませんが、韓国のメディアで記事になったのは二〇二一年十一月十五日のことです。

韓国のある大手ネットコミュニティーに、小学生たちが描いた、日本関連のポスター画像が話題になり、『中央日報』など全国紙でも記事になりました。一応「ポスター」ということになっていますが、その絵とやらは、日本列島に銃を撃つ、ミサイルを撃つ、ナイフで刺しまくる、日本・日本人が血を流す、そんな内容でした。

「殺してやる」「このチョクパリ（日本人への蔑称）どもめ」などのセリフ付きのものもありました。実際に記事から絵を見た感じ、「いつ」描いたものかまでは分かりませんんでしたが、一人が描いた絵ではありませんでした。クレヨンなどで色まで塗ってあり、私には「美術か何かの授業で、複数人の子供が描いたもの」に見えました。

各記事が「小学生」と言い切っているからには学校の可能性もありますが、何かの塾での授業の可能性もあります。韓国では、小学生もほとんどが塾に通っていますので。どちらにせよ、お世辞にもうまい絵ではなかったので、小学生の中でもかなり低い学年のものだと思われます。

以下、同日の『中央日報』の記事から引用したいと思います。本書は引用の際、引用元を明記し、〈〜〉で引用部分を表示しています。また、本書の引用に「全訳」は一つもありません。部分的に引用したので記事全体の流れが分かりづらくなる側面もありますが、字数や紙面、そして読みやすさ（全訳だと長すぎます）の問題もあるので、ご理解ください。

また、引用部分の、韓国で言う不適切な表現の一部を、日本基準に変えています。「日帝強占期強制徴用または強制動員」は、「旧朝鮮半島出身労働者」、「日本軍慰安婦被害者または日本軍性奴隷被害者」などは「慰安婦」、福島原発関連の「汚染水」は「処理水」、韓国で言う島根県竹島《たけしま》の名称である「独島《ドクト》」は「竹島」と、日本側の一般的な表現に合わせて訳します。必要な場合は「※」などで注釈を入れることとします。それでは、ここから、引用してみます。

〈小学生たちが描いた極端な反日ポスターがオンライン上に広がり、子供たちを情緒的に苦しめているだけではないのかという議論が提起されている。特に、刀で日本の地図を刺しまくったり、日本人に銃を撃つなど、その暴力性が、小学生が描いたとは想像できない水準であり、「憎しみを教えている」という批判が出ている。また、「日本は韓国にもっとひどいことをしているではないか」など、擁護する反応も出ている。十四日、某オンラインコミュニティーには、「誇らしいＫ－小学生たちの作品世界」という題で、小学生が描いた絵、数十枚が掲載された。公開された画像を見てみると、「日本人を全員殺してしまえ」というフレーズとともに、朝鮮半島から列島に銃を乱射する、などの絵が描かれている。また、燃える日本列島の上に「すでにダメになった土地」と書かれたポスターはもちろん、日本の国旗である日の丸を踏みつけたり、唾を吐くなどの絵が載っている〉

日本の地図にカッターを刺し、日本がプシューッと血を吹き出す絵

さすがにその絵をここで載せるつもりはありませんが、「何かに燃えている日本を描いて：〈すでに滅んだ地〉」（韓国では、日本は放射能汚染ですでに人が暮らせなくなったと信じている人が結構います）、「軍人と思われる人に撃たれ、血を流す人の絵：〈日本人セッキ（やろう）どもを皆殺しにしてやる」。字が下手でよく読み取れませんが、「日本（地図）を足で蹴りながら〈韓国！　日本をやっつけろ！〉」「日の丸が何かに燃えている絵：〈チョクパリやろうども！〉」「白頭山《ペクトウサン》（長白山）が日本に噴火する絵：〈白頭山も怒ったぞ〉」「日本がミサイルに撃たれて燃えている絵」「刺さったナイフと、血を流す日本の絵：〈独島韓国万歳〉」「日本の地図にカッターを刺し、日本がプシューッと血を吹き出す絵：〈さらば、日本～〉」「数人で日の丸を踏みつける絵」「日本が燃えている絵：〈こう燃やされたいのか？　日本よ〉」「日本に隕石《いんせき》（のようなもの）が落ちる絵」「糞の絵：〈こいつらの故郷〉」「日の丸に用を足す絵：〈きたね～〉」、などなどです。

学校か塾か知りませんが、よくもこんな絵で授業が成立したものですね。授業のテーマはなんだったのでしょうか。子供たちに何を教えたかったのでしょうか。子供たちは、

「先生に褒めてもらうためには、こんな絵を描けばいい」という子供なりの「善行」の基準を、すでに心得ていたのでしょう。そうでないと、こんなものを数十枚も集めるなどできません。

先にも書きましたが揃いも揃って絵が下手で、明らかに子供が描いたものだと分かることもあり、その不気味《ぶきみ》さは半端ありません。いくつかの記事及びコメントをチェックしてみましたが、確かに『中央日報』の指摘どおり、「こんな絵を描かせるのは、子供の精神を虐待する行為ではないのか」という声もありましたが、「ただただ誇らしい」「韓国の未来は大丈夫だ」という意見も結構な数が目につきました。

ただ、描いた子の精神を心配しながらも、日本人を心配する声はありませんでした。この子たちが大きくなって、日本人を相手にした犯罪を起こす恐れはないのか。このネットの時代、日本人がこの画像を見たらどんな思いをするのだろうか。そんなことを懸念する声もありませんでした。

ネット民、マスコミによる陰謀論「日本の感染者急減は何かおかしい」

　韓国の反日思想に関する情報をチェックしてきた方々なら、さほど驚くようなことでもないかもしれません。別の絵ですが、十年ぐらい前にも同じ趣旨のものが日本のネットに大量に出回って大きな話題になったことがあります。でも、いつもは韓国の反日思想にあまり関心がない、いわば「耐性が弱い」方なら、かなり衝撃的な内容でありましょう。

　これらの絵が、「いつ」描かれたものなのかは分かりません。ただ、最初にネットコミュニティーに載ったときの題が「韓国のK-小学生」となっている点が、ちょっと気になります。「韓国の」とすでに描いたのに、わざわざ「K」をつける必要があったのでしょうか。もちろん、韓国では、何か韓国的なもの、または韓国のものであれば、「K」という字をつける言葉遊びのような書き方もあるので、この考察には多分に「邪推」が入っています。

　でも、十一月十五日なら、別のKを思い出さずにはいられません。韓国自慢の防疫システム、いわゆる「K防疫」に致命的な問題が起きた時期と、概《おおむ》ね一致するからです。後でまた詳述することになりますが、十月末頃から韓国の新型コロナ禍は急激に悪化し、新規感染者だけでなく重症患者や死亡者が急増、専門家たちを中心に、「このままだと重症患者のための病床が足りなくなり医療システムそのものが崩壊する恐れがある」との声があがるようになりました。

それまでは防疫措置の緩和を主張していたマスコミも、十一月一日から予定されていた防疫緩和の解除、いわゆる「ウィズコロナ（With CORONA）」を中止または延期する必要があるのではないか、そんなふうに論調を変えるようになりました。

同じタイミング、十月末頃から、韓国のネットでは何かの信仰のようになっていた、「日本は、新型コロナ検査数をわざと減らして、感染者が少ないように見せかけている」という主張が、否定されるようになりました。その頃、まだオミクロン変異株が日本や韓国に入ったばかりの頃ですが、日本は新型コロナにおいて、ほぼ完璧な状態でした。そんな日本に対し、十月までは韓国のマスコミも「日本の感染者急減は何かおかしい」としながらネット世論に同調しましたが、一部の専門家や日本特派員たちを中心に「陽性率が極めて低くなっているので、検査数を減らして感染者数を減らしたというのは話にならない。感染者が減ったから検査数も減っただけだ」「一部で陰謀論のようになっている『日本は新型コロナ検査費用を急激に値上げした』というのも、事実と違う」などの事実が報じられるようになりました。

それからは、韓国のネット世論は「防疫措置を緩和（十月三週目あたり）すれば、日本も感染者が急増する」と盛り上がっていましたが、ご存じ、日本はそれからも極めて良好な状態を維持できました。

それから日本も、二〇二二年一月に「第六波」で大変なことになり、韓国では「ほらみろ、やはりおかしい」という流れになったものの、その被害（重症者、死亡者、緊急事態宣言など）は五波ほどではなく、また韓国も二〇二二年二月からオミクロン波が始まって、また「だんまり」となりました。

これから、いろいろな意味で「嫌」になるほど書くことになりますが、K防疫は、韓国人の日本観において、まるで御神体のような存在であり、「卑日」を支える絶対に必要な「柱」でもあります。そのK防疫が、日本に「負ける」かもしれない（そもそも、防疫は勝ち負けではありませんが）。そんな不安が、韓国の精神世界を襲っていた、そんな頃。

これらの絵がネットに載り、タイトルに「K」が付いたのは、果たして偶然でしょうか。何かの復讐のつもりだったのではないでしょうか。私は、いまでもそう思っています。

日本を利用して韓国が得する――「用日《ようにち》」

韓国社会を支配する、反日思想。しかし、一般的に「反日」といっても、種類がありま す。どうせ全部反日思想の「発現」に過ぎませんが、以下、有名なものをいくつか並べてみます。

日本のネットでもよく目にするのが、日本によって韓国が何かを得るという意味の「用日」です。用日は、日本のネットでは「ただ日本を利用して韓国が得をしようとする」と認識されていますし、確かにそういう側面が強いのも事実です。しかし、発言または提案する人にもよりますが、実「用」路線での対「日」外交を主張する場合もあります。例えば、韓国が「日本が要求している事項」で何かを譲ることで、日本を介して別の案件で得ができるなら、それが全体的に韓国という国にとってプラス要素になる、そんな主張を用日のカテゴリーとする、いわば、「WIN-WIN用日」の場合もあります。

有名なのが、「日本と歴史問題でもめていては、米国との関係が悪化する。部分的に日本に負けることがあっても、関係を改善したほうが、韓国にとって得になる」などです。もちろん、日本は何一つ得しそうにない内容を言い出して、「これで日本も韓国の要求を聞いてくれるはずだ」と自信満々に話す人がほとんどで、彼らは悪質な用日主義者にすぎないでしょう。でも、「バボ（韓国語でバカ）」はどのカテゴリーに入れてもバボです。「韓国が何かを失う必要がある」という論調の人が少数でも存在する、すなわち「ギブアンドテイク」たる外交の基本が垣間見えているだけに、少なくとも、小学生に残酷な絵を描かせるよりはマシかもしれません。

用日は、韓国側の記事でもよく目にする用語で、主に右派（保守派）とされる人たちから出てきます。悪質なものは日本から叩かれ、バランスを取ろうとするものは韓国から叩かれます。韓国の反日思想は「善悪論」にもとづいて一方的な上下関係を基本とするので、そもそも「ギブアンドテイク」は反日とは共存できません。

併合時代に日本に協力的だった人を断罪する「親日清算」

「○日」ではないので単語として並べるには違和感もありますが、「親日清算」という名の反日もあります。大韓民国の建国時点（一九四八年）からありましたが、最近の数年間で急激に強くなりました。親日清算とは、反日だと言われることに外交的な負担を感じた韓国の政治家、自治体長たちが流行《はや》らせた言葉で、反日とは言わず、あくまで韓国内で併合時代に日本に協力的だった人、いわゆる「親日人士」を見つけ出して、いまからでも断罪するという概念です。

例えば、韓国の現代史に功績を残した人でも、併合時代に日本に協力した記録などが見つかれば、その人の記念碑を撤去したり、記念碑の隣に「この人は民族に罪を犯した」とするプレートを作ったりします。韓国の一部の鋳貨《ちゅうか》に使われている偉人の肖像画も、親日だった人が描いたとして、変更することが決まっています。反日とは言わず親日清算と言っているだけで、中身は「日本こそが元凶」という考えから始まっており、ほとんどは各自治体や市民団体の反日運動にすぎません。

本書ではこれ以上は取り扱いませんが、その矛先が子孫にまで向けられることも少なくなく、親日という名の連座制のような、そんな雰囲気になっています。戦後北朝鮮でも似たような雰囲気があったと聞きます。親日清算は、ほとんどの韓国民から絶対的な支持を得ていますが、学者の中には、「すでに韓国は独立国なのに、なんで独立運動家を演じているのか」と皮肉る人もいます。

手段を選ばず日本に被害を加えたい――「嫌日《けんにち》」

本件の絵のように、とにかく無条件で日本が嫌いで、手段と方法を問わずに日本に被害を加えたい、日本が被害を受けてほしい、そういう極端な反日思想を、「嫌日（ヒョミル、혐일）」とします。この単語は結構マイナーで、個人ブログ、または一部のネットメディアでたまに目にします。

韓国は、「日本は、韓国に対して悪い感情を持つ理由がまったくない」と思っています。少なくとも日韓関係においては、韓国はただ被害者なだけなので、絶対善のような「無謬《むびゅう》さ」を持っていると信じているからです。よって、日本が韓国と違う意見を出すと、例えば「竹島は日本の領土だ」と話すだけでも、韓国はそれを「嫌韓助長」「韓国叩き」などに分類します。

韓国民が一般的に持っている「嫌韓」というもののイメージも善悪論に基づくものです。「嫌」されるようなことではないのに、一方的に嫌われ、被害を受ける、それが、韓国が漠然と抱いている「嫌韓」のイメージです。実は嫌韓にもいろいろあって、確かに犯罪に走ってしまう人もいますが、ほとんどの場合は「嫌」というより、「失望した」「関わりたくない」などの感情に近いですが、善悪による二分法に慣れている韓国としては、そこがよく理解されていないようです。

よって、先のポスターのように、韓国内でも多少は賛否が分かれるような事案に対しては、「(嫌韓に因《ちな》んで)嫌日ではないのか」とする人たちがいます。

「いつか、日本を超えてみせる」——「克日《こくにち》」

最近は聞かなくなりましたが、「克日(グクイル、극일)」というのもありました。一九八六年ソウルアジア競技大会、一九八八年ソウルオリンピック開催の決定などで、未来に対して自信を得た韓国社会は、軍事政権の主導で「いつか、日本を超えてみせる」という意味で克日キャンペーンを展開しました。あくまで逸話ではありますが、「克」は「勝」より勝ち負けのイメージが弱く、自分で自分を乗り越えるという意味があるので、克が選ばれたとも聞きます。

韓国では、「克」の字は、一般的には「克服」と「克己」ぐらいしか使いません。特に軍事政権の頃は、「克己訓練」という言葉が有名でした。強度の強い訓練のことで、例えば高校生、大学生が海兵隊に体験入隊してわざと強い訓練を体験することなどを、克己訓練、または克己体験と呼びました。一九九〇年代初頭まで、高校にも軍事訓練のような授業（学校訓練、「校練」）がありましたが、先生から適当に「よしっ、授業が終わるまでグラウンドを走れ！」と言われ、授業が終わった後に「先生、これ何の意味があるんですか」と聞くと、ほぼ間違いなく「克己を知らんのか！」と叱られました。いや、いまさらですが、それって「体育」とどう違いますか、先生。

いま思えば、軍事政権の克日というのは、ただ走り続けるだけのものだったかもしれません。努力すると言っても、節約しろ、頑張れ、労働組合などには入るな、そんな内容ばかりで、詳しい「指導」がされていたわけでもありません。でも、少なくとも人々の頭の中には、希望的な何かを植え付けてくれました。当時の軍事政権は、安保・経済面で日本と協力するしかないということを公言しており、そういう側面では、反日思想は邪魔でした。それをうまくコントロールしようとしたのでしょう。

「克日」と「卑日」はまったく反対の概念

いくつか存在する反日思想のカテゴリーの中でも、この「克（克己）日」は、本書のメインテーマの一つ「卑日（ビイル、日本を見下す）」とは、まったくの反対側の概念となります。なぜなら、反日思想から「克己」を極大化させようとしたのが克日で、反日思想から「克己」を極小化させたのが卑日だからです。そう、苦しくても頑張って乗り越える（克）のが克日なら、「日本を乗り越える必要はない。なぜなら、韓国がもっと上にあるからだ」と設定し、自分自身は何もする必要がないシチュエーションを作る。それが、卑日です。

親が、子に対して「徹夜で勉強してテストで良い点数を取れ！」とするのが克日なら（これはこれで息苦しいですが）、「テストなど、人生に何の役にも立たない」とし、テスト自体を否定してしまうこと、それが卑日です。テストという存在を、間違った教育システムの象徴だと「見下す（卑）」ことで、自分自身を、テストで順位を決めるシステムそのものよりも上位の高品格な「何か」に設定するわけです。

嫌日や用日とは違い、日本側のネット用語に慣れている人でもなければ、韓国側で卑日という言葉を使う人は、まずいません。日本側でだけ、たまに目にする言葉です。なぜ韓国に相応の言葉がないのかと言うと、韓国が日本を見下しているという自覚そのものがないからです。ただ、先の例えだと、現実でテスト拒否した人が卒業できるという保障はありません。同じく、韓国社会でも、一部の人たちが、卑日スタンスに対して「現実とかけ離れている」と指摘することもあります。残念なことに、「韓民族が日本民族より劣っているというのか」「日本が韓国を植民地にしたときと同じ理屈だ」などの反論に潰されるのがオチですが。

「日本には何をしてもいい」が、極大化――「卑日」

Weblio辞典で検索してみると、「卑日」とは、「ジャパンディスカウント。卑日、卑日運動。日本という国を貶《おとし》め、あるいは卑《いや》しめ、それによって国際世論における日本の失墜や信用喪失をもくろむ活動の総称」となっていますし、ウィキペディアの情報だと、ジャーナリスト鈴置高史氏が「日経ビジネスオンライン」に「早読み 深読み 朝鮮半島」という題のコラムを連載していた頃、この言葉を使ったとされています。

「日本の反対側に立つ」、「反」「日」思想の大まかな概念は、少なくとも大韓民国という国ができてから変わったことはありませんし、いまでも憲法前文に韓国は抗日団体「臨時政府」の後を継ぐと明記されています。ただ、その現れ、いわば発現は、克日、用日、そして「親日清算」などと形を変えてきました。

先の小学生たちの絵は、果たして「嫌日」でしょうか。韓国ではそういうことになっていますが、私はちょっと違う見方をしています。それは、嫌日ではありません。卑日です。「日本には何をしてもいい」とする反日思想の一面が、極大化されたものだと見るべきでしょう。大人たちがそうしてきたから、子供もそうするわけです。韓国の諺《ことわざ》で言う「子供が見ているところでは冷水もろくに飲めない（大人は子供の前では何もかも気をつけなければならない、冷たい水を急に飲むことすら、真似されると子供には思わしくないことになる）」のままです。

繰り返しになりますが、もともと反日思想というのは、根拠のない上下関係を基本とします。日本を完全無欠な悪に設定することで、韓国が無謬《むびゅう》さを誇る善になれる。そういう浅はかな構図でできているのが、反日です。朝鮮半島の朱子学（儒教）的に、善悪は上下になります。

一例として、自分の力では変えられない身分たる貴賤《きせん》は、そのまま厳しい身分制度を支える「上下関係」の根拠となるわけです。なぜ低い身分で生まれたのか、それは徳が少ないからです。人間として当然持つべき徳がないからそう生まれた、だから「下」で当然だ、それが朝鮮半島の上下の根拠でした。身分制度は当時、世界、アジアでも各国にありましたが、奴隷売買を許可し、奴隷の子は奴隷と定め、奴隷に相応の待遇すら認めないなど、朝鮮の奴隷制度は特にひどいものでした。

各国の古い記述を見ると、外国の場合、奴隷でも売買を禁止したり、自分の代で終わらせたり、体罰を制限したり、能力によって相応の職位（財産の管理、主《あるじ》の子の教育係、警護など）と報償を与えることも珍しくありませんでした。特に、「自民族」に対してこのような奴隷制度を国家単位で運用していた国は、朝鮮だけです。

これらは全て、「当然だ」、すなわち、相応の論拠によって成立した上下関係においては、上は下に何をしても構わない、そう決めつけるのが、朝鮮半島の朱子学の副作用です。「徳」という言葉がここまで悪用されるとは、実に嘆かわしい問題です。いまでも韓国社会には「甲乙（ガブル）問題」といって、強者が弱者を不当に苦しめるシステム的問題が指摘されています。特に若い世代を中心に「上下」という言葉にはトラウマに近い拒否反応を示していますが、あまり改善される兆《きざ》しは見えていません。

そう、ひょっとすると、儒教は一つの名分にすぎず、いつの時代でも名分と形を変え、朝鮮半島には身分制度なみの上下関係が形成されるのかもしれません。

自分の祖先を「無能設定」する韓国人

この「当然だ」が問題です。韓国が日本に対して、よく「道徳（または正義、人倫など）」を持ち出すのが、その名残《なごり》です。それは、契約や合意、国家間の約束よりも、優先されるべきものであると、いまでも大勢の韓国人が信じています。旧朝鮮半島出身労働者の個人賠償問題などをみても、日本は「それは基本条約で一九六五年に解決済みだ。なぜ国家間の約束である条約を守らないのか」と呆れた反応を示しますが、韓国は内心「守らないのが当然だ」と思っています。いわゆる「道徳的優位」です。

余談ですが、徹底して併合時代の朝鮮（大韓帝国）を被害者として設定すればするほど、当時日本からもたらされた先進文物を学んで後に韓国の建国メンバーとして頑張った人たちを「親日派」と叩けば叩くほど、自分の先祖を「無能な集団」にしないといけません。

親孝行というか、先祖を大事にすることも道徳の一つのはずですが、その無能設定のどこに「道徳」があるというのか、わけがわかりません。

私は、併合時代は朝鮮にとって大きな恵みだったと思っている「親日派（笑）」ですが、もし朝鮮が被害者だったとしても、被害者は決して善良な人間という意味ではありません。

このように、反日思想は多くの矛盾でできています。

なぜ、二〇〇〇年代から「卑日」は強化されたのか

ただ、反日思想でその「上下関係」が露骨に表出されるようになったのは、二〇〇〇年代に入ってからです。よく「一九八〇年代の韓国にも反日はあったけど、いまとは違った」という話を聞きますが、それもそのはずです。当時はいまに比べて、なんというか、「卑日要素」が少なかったからです。「〜なことがあったので、あなたが好きになれません」と、「〜なことがあったから、私はあなたに何をしてもいいですよ」と、どちらが人を不愉快にさせますか。

こうした要素が、韓国の反日思想になかったというわけではありません。しかし、二〇

〇〇年代から急速に表面化してきました。一九九七年の経済破綻から回復に向かっていた頃ですから、また自信を取り戻したのか。一部の人たちが言うように、韓国という国が発展したから、そうなったのか。そういう観点を全否定したくはありません。

しかし、韓国では二〇〇三年の「カード大乱（カードを使った借金で経済を復興させようとし、大勢の人が個人破産したこと）」、二〇一〇年あたりから社会問題になった「超格差社会」など、二〇〇〇年代になったからといって、自信を取り戻すような状況ではありませんでした。発展したというのは、あくまで外から「特定の部分」を見た場合の話で、その中を生きる人たちからすると、ただ先進国病が進んでいただけ、という現実もあります。ネットの普及で、「匿名《とくめい》で偉そうにする」範囲は爆発的に広がりましたが。

では、なぜ「卑日」が強化されたのでしょうか。なぜ二〇〇〇年代から、韓国の反日に卑日要素が強くなって、それが二〇二二年に反日のニュースタンダードになったのでしょうか。

それは、世の中を、いくつかの「点」でしかみない、狭い世界観のせいです。軍事政権のときに当然手に入ると信じていた「未来の発展した祖国」など、漠然だけど、漠然だからこそ広い視野で認識できたものがなくなり、細かいものを一つ一つ比べるやり方をとったわけです。例えば、「韓国ドラマ〇〇が米国でヒットしたから、韓国の文化コンテンツは素晴らしい」や、「韓国には有名なフィギュアスケート選手〇〇がいるから、韓国はスポーツ強国だ」のような主張が、世界を「点」でみる事例となります。

韓国人と会話、またはチャットなどをしたことがある方なら、そんな話を聞いた経験をお持ちじゃないでしょうか。これは、小学生から大統領まで、言うことがさほど変わりません。余談ですが、世界を「点」ではない「無数の集合体」として認識できるようになればなるほど、上下関係、他人との比較、そんなものから自由になれます。社会生活の中で対立があっても、世の中は無数の人でできていると気づけば、善悪論から自由になれます。

そうですね、便宜上、対立する相手を「敵」と書くなら、「世の中に、敵（相対的な概念）はいても、悪（絶対的な概念）はそういない」ことが分かってきます。これが自由民主主義の基本でもありましょう。

私も、日本に来て、それを感じるようになった一人です。韓国社会は、世の中をいくつかの点で認識します。だから、世の中を二分したがります。「その点」と「それ以外」の二分です。さらにもう少しひどい書き方をするなら、漠然だけど未来を信じる「自信感」がなくなってしまったからこそ、細かい数値比較に拘《こだわ》るしかなくなったわけです。その

「点」と自分自身を同一視するという見方もできるでしょう。

韓国が「韓国は偉い」と妄信するようになった二つの「点」

それらの「点」の中でも、特に大勢の人に夢を与える、そんな点がありました。そう、二〇〇〇年代、韓国が「韓国は偉い」と信じてやまないようになった、二つの「点」がありました。二〇〇二年サッカーワールドカップ、ベスト・フォー進出と、南北平和ムードによる民族一体感の高まりです。

これは、実は、当時の韓国の政治・経済とも強い関連性を持っています。軍事政権の崩壊とともに、反共精神も大いに弱体化されてしまい、韓国は新しい「国是」を必要としていました。そのとき、一九九八年から左派政権である金大中《キムデジュン》政権が始まり、日本では一般的に「太陽政策」と知られる、大規模な北朝鮮宥和《ゆうわ》政策を始めます。これは、韓国の左派思想家にとっては、民族としてのアイデンティティーを完成させるために必要なことでした。

韓国は、一九四八年の建国以来、ずっと「国家」と「民族」の二つのアイデンティティーが対立してきました。国家としての韓国は、成功し発展した国家というアイデンティティーを国民に教育しましたが、民族としての韓国は、そうではありませんでした。

軍事政権のとき、北朝鮮は韓国の軍事施設ではなく、学校、特に大学を攻略しました。韓国に蔓延《まんえん》していた民族主義教育に、「親北思想」を注入したのです。国家としての大韓民国は米国と日本の友好国で、北朝鮮や中国と対立する立場にあります。しかし、民族としての大韓民国が対立すべきは、帝国主義である日本と米国であり、北朝鮮と韓国は日米によって植民地にされ、分断された「一心同体の被害者」でしかありません。しかも、南半分だけの不完全な国になったのは、米国が南半分だけで総選挙を行ったせいだ、ということになっています。

一九四八年、北半分はすでに北朝鮮政権の支配下にあったので、国連監視下に政府を立ち上げるには、南半分だけで総選挙をやるしかありませんでした。これを、韓国の民族主義者たちは、「あるべき民族国家の成立が、米国によって妨害された」と解釈しています。バカげた話ですが、この世界観は韓国の大学生たちに大きな影響を及ぼし、彼らがいまは韓国の教育、政治に関わっています。有名なのが、北朝鮮の独裁美化思想である「主体《チュチェ》思想」を勉強した「主思派《チュサパ》」で、彼らはいまでも韓国の政治家として活躍しています。

ワールドカップベスト・フォー進出は、「民族の誇り」として定着

そうした「民族アイデンティティー」は、一般的には「右派（保守派）」より「左派（進歩派とも言います）」思想家に強く、金大中氏もその一人でした。それまで右派政府のせいで活動の場を広げることができなかった左派思想は、急激に韓国社会にその影響力を広げることになります。特に目立ったのが、教育監（自治体の教育行政担当者）選挙などで圧勝を続けた教育分野と、政治家をサポートする市民団体でした。

二〇一七年、朴槿恵《パククネ》大統領の弾劾《だんがい》もそうですが、いまでは、大手市民団体の影響力、動員力は想像を超えており、韓国で市民団体を抜きにして政治を語ることはできなくなっています。

韓国の諺を借りますと、「ザリガニはカニの味方（自分と似たようなものの味方をする）」。金大中政権になって、韓国の教育は、急に民族主義的、親北的になりました。その流れから、反共（反・北朝鮮）の次の国是はもう決まっていました。反日です。「朝鮮戦争など韓国という国家の敵、北朝鮮」ではなく、実際は併合でしたが「植民地支配など南北という民族の敵、日本」を浮き彫りにしたわけです。

結果的に、反共が弱体化した分、反日が強化されました。反米を叫ぶと、親米反共の強い右派から反対されますが、「反日」だとそんなこともありませんでした。このときから、教育などを通じて、韓国の学生たちにとって、日本は韓国の友好国ではなく、事実上の敵国として認識されるようになります。その学生たちが、いま三十代から四十代です。

そして、そのとき、ほぼタイミングを同じくして、「優秀な韓民族」のために絶対に必要な二つの要素、「日本に勝った」と「世界に褒められた」を同時に手に入れた、大きなイベントがありました。それが二〇〇二年ワールドカップです。韓国は日本より優秀だ、世界に褒められている驚異の民族だ。

当時、南北平和ムードを強調していた金大中政府及び教育機関が、これを韓国人の「民族としての可能性」として美化したこともあり、ワールドカップでのベスト・フォー進出は、まさに民族の誇りとして定着します。「まさか、そんなことで？」と思われるでしょう。私なりの見解ですので、「これ以外は全部間違いです騙されないでください」と新興宗教みたいなことを言うつもりはありません。ですが、当時、韓国で生きていた一人として、南北平和ムードと二〇〇二年ワールドカップという二つの「点」が韓国人に及ぼした影響は、計り知れないと言い切れます。

特に、その根拠のない優秀さを確実にするための相手が、反共の弱体化と共に強化された反日の対象、日本であることも。ちょうど日本の皆さんが知っている韓国の反日が、この時点のものです。この時点から、日本で韓国という国への関心が高くなり、インターネットの普及により、韓国の反日思想が日本でも広く知られるようになりました。当時、日本のネットには、「一九八〇年代の韓国の反日を知っているが、こんなものではなかった」とする趣《おもむき》の書き込みをよく見かけましたが、それはそうでしょう。悪い意味で、その時点から「卑日」が芽生えていたのです。

「日本より優秀」「世界から褒められる」を一気に成就できる二つの「点」

それからしばらく時間が経って、似たような流れができました。太陽政策が失敗し、すでに北朝鮮と韓国は一つの民族という言葉でひとくくりにするには、あまりにも複雑な関係にあること、そして、サッカー試合の結果で民族の優秀さを語っても仕方がないと、一部ではありますが気づく人たちも出てきました。

しかし、二〇一七年、しばらく国民の支持を失っていた左派勢力が、朴槿恵大統領の弾劾をきっかけに、一気に力を取り戻します。いまの文在寅《ムンジェイン》政権が、その結果です。当時、軍事政権が崩れたときとほぼ同じ社会的流れができました。「韓国社会の問題の根源が崩れたから、もう何もかもうまくいく」「民族統一し、韓民族は真の力を取り戻す」「南北平和で開発事業が進み、南北鉄道を繋《つな》げることでユーラシア大陸まで鉄道が繋がり、朝鮮半島は世界の中心となる」「昔から大陸と繋がりたかった日本は、韓国に泣きつくしかない」、そんな雰囲気が盛り上がります。本書では詳しくは論じませんが、私の拙著、ブログ、または他の韓国情報をチェックされる方なら、「あ、その話、聞いたことある」と思われることでしょう。

二〇一九年から、文在寅政府の未熟な仲介による米朝首脳会談の破綻もあって、朝鮮半島の平和ムードは急激に冷めてしまいますが、それでも文在寅政府の親北・親中政策はとどまるところを知らず、また、常に四十%前後の支持率を維持しました。

そんなとき、二〇二〇年、韓国社会は再び二つの「点」を手に入れます。それは、「K防疫」という韓国の新型コロナ関連防疫システムと、「終戦宣言」という名の、点です。「日本より優秀」と「世界から褒められる」を一気に成就できるK防疫と、韓国人の潜在意識の中で聖域化している「民族」にふれる、二つのビッグイベントでした。そう、ベスト・フォーと太陽政策の再現だと見てもいいでしょう。そこからです。「卑日」が、もう一度爆発的な露骨化を成し遂げたのは。

そして、数値で比較できる「ベスト・フォーとK防疫」、民族関連の「金大中氏の太陽政策と文在寅氏の朝鮮半島平和プロセス」以外にも、もう一つ、一致する部分があります。これは「点」というわけではありませんし、すごく捻《ひね》くれた見方になりますが、ここで書かないといけないでしょう。なぜなら、これは「韓国が日本を見下すようになったのは、韓国が発展したからではないのか？」という主張への反論にもなります。

日本に比べて高い、韓国のネット民の「青年率」

先も、二〇〇〇年代、経済破綻の傷跡がまだまだ強く残っていて、しかも学生にまでクレジットカードを発給しまくって起きてしまった、「借金で借金を返す」連鎖、二〇〇三年のカード大乱に少し触れましたが、いま韓国、特に若い世代は、あの頃と似たような状態になっています。

韓国で世論を作るのは二つしかありません。市民団体と、ネットです。影響力なら市民団体が上ですが、「一般化」なら断然ネットです。ネットの書き込みを集めて、それがそのまま日刊紙の記事になったりしますから。自治体や政府がネットのコメント操作部隊を運用していたとか、そんな話が出てくる所以《ゆえん》です。

韓国は、日本に比べて「ネット上の青年率」が高いほうです。単純にインターネット利用率だけ見ると、つい五年前に六十%台だった韓国の六十歳から六十九歳ネット利用率は、九十%まで上がりました（科学技術情報通信部発表、二〇二〇年）。日本も六十歳から六十九歳のネット利用率九十・五%（「通信利用動向調査」、令和元年）なので、これだけ見ると大差ないように見えます。

ですが、実はこれは「保守系のユーチューブチャンネルを見るため」という裏がありま す。朴槿恵大統領の弾劾以来、まだ反共精神など右派（保守派）支持者の多い六十代の人たちが、マスコミを信用しなくなり、保守派ユーチューバーたちのチャンネルを見るためにスマホやパソコンでネットを利用するようになったわけです。これもまた、これ「だけ」がネット利用率増加の理由ではないでしょうけど、実際にネット上の「インフラ」を使う比率は、日本のほうがずっと高くなっています。

一例としてネットバンキング利用率を見ると、日本の六十代の場合、四十%から五十%

とする調査もありますが、調査機関によっては七十二・九％がネットバンキングを利用しました（調査時点でも利用し続けている人は六十七・四％、ＭＭＤ研究所、二〇二〇年十一月）。しかし、韓国の場合は「二〇二〇年末基準で、インターネットバンキング利用率は六十代が十四％、七十代が四・三％（『韓国日報』／二〇二一年九月十四日）」です。

このように、いくつかの「欠片《かけら》」たるデータからの推論となりますが、韓国の高齢者はポータルサイトのコメント欄などからは離れており、韓国のネットは日本に比べて「高齢者率」が少なく、相対的に青年率が高いという見方も可能になってきます。推論に推論を重ねて恐縮ですが、では、世論を作るネット、そこにいる青年たち、彼らの暮らしはいまどうなっているのでしょうか。発展していて、自信に溢れて、だから誰かを見下す、そんな立場なのでしょうか。

ソウル在住の青年の八十六％が「貧困リスク」状態

紹介したいデータならいろいろありますが、わかりやすくニートでいきましょう。韓国の青年（この場合、十五歳～二十九歳）の百五十八万人が、就業する意志を持っていない

「ニート」だという調査結果です。

〈就学・就労しておらず、また職業訓練も受けていない韓国の若者が百五十八万人に達し、経済協力開発機構（ＯＥＣＤ）加盟国・地域のうち三番目に多いとの分析結果が出た。韓国雇用情報院青年政策ハブセンターのチョン・ジェヒョン・チーム長による「青年雇用政策の死角地帯推定および示唆点」と題する報告書によると、昨年一月〜十月の韓国国内における十五歳〜二十九歳のニートは百五十八万五千人と推定されるという。ＯＥＣＤ基準で、同年齢層の二〇・九％に相当する〉（『朝鮮日報』／二〇二二年一月五日）、とのことでして。

このデータを発表したのは韓国雇用情報院というところで、政府機関直属ではありませんが、準国家機関です。市民団体や個人レベルの調査では、青年四人に一人は「白手（べクス、働かない人）」という話が出ていましたが、公信力ある機関でこんなデータが発表されるのは、韓国では珍しいことです。ちなみに、韓国よりニート率が高かったのは、イタリアとメキシコだけでした。

それもそのはずで、韓国統計庁の資料によると、二〇二〇年の新規雇用において、四十代以下の雇用は二十％だけで、残り八十％は五十代以上で発生しました（五十代が二十六

%、六十代以上が五十四%）。同じ趣旨のデータを追う最新記事が『朝鮮日報』の二〇二一年十二月十五日に掲載されていますが、同年十一月の総就業者は八十六・八%が五十代以上になる、とのこと。これは、韓国政府が高齢者貧困問題及び、雇用率対策として、高齢者に適当な仕事（図書館で騒ぐ人がいないのか監視する、など）を任せたのも、大きな理由の一つです。

次に、二〇二二年一月三日に発表されたソウル研究院の「ソウル市青年の多次元的貧困実態」という研究報告書の内容も合わせて紹介します。報告書は「成人初期、社会的課業遂行に必要な多次元的資源と機会が欠乏、剝奪《はくだつ》、排除された状態」を青年貧困リスク状態と定義し、ソウルに住む青年（この場合は十八歳～三十九歳）のリスクについて調べてみましたが、その八十六%が、所得や住居など人が社会で生活するに必要な七つの領域においての一つ以上の貧困、すなわち「貧困リスク」状態にあるというデータも発表されました。『マネートゥデー』など、翌日の複数のメディアで記事になっています。

七つの領域とは、経済（所得関連）、教育・力量（ニートなど）、労働（失業など）、住居（住居環境）、健康（うつ、自殺なども含めて医療関連）、社会的資本（人間関係、社会的孤立など）、福祉（食生活の欠乏など）です。一つ以上の欠乏が八十六%、三つ以上：

四十二・五％、五つ以上：十・五％。以下、重複するので合わせて百％になるわけではありませんが、貧困リスク率は経済：五十二・九％、教育・力量：二十二・九％、労働：三十五・四％、住居：二十・三％、健康：四十・三％、社会的資本：三十七・四％、福祉：二十二・九％。

教育・力量の貧困リスクが二十二・九％となっていますが、先に紹介したニート調査二十・九％と概ね一致しているところが、またなんとも。良し悪しの判断は人それぞれだとしても、どうみても、「発展により自信感が溢れている社会」のそれには見えません。他にもこれだけで本一冊書けるほど、思わしくないデータが溢れています。

またもや繰り返しで恐縮ですが、韓国が発展したからではないのか、という見解を全否定するつもりはありません。ただ、私には、どこをどう見てもいまの韓国、特にそのネット世論が、「発展して自信溢れるから相手を見下す」状態にあるとは思えません。むしろ、私には、卑日が蔓延しているのは「その逆」だからこそではないだろうか、そんな気がしてなりません。何かを、例えば誰もが「悪」だと認めて反論してこない相手を、無理して見下すことで、現状に「モザイク」をかけているのではないか、そんな邪推です。

日本への露骨な人種差別発言が物語る「卑日」

この話になるといつも私は、二〇二〇年四月二十八日のYTNの「日本人でごめんなさいと言うべきだ」という報道を思い出します。二〇二〇年を基準にして、韓国の卑日がどういうレベルに達したのかをもっとも端的に表してくれるからです。

当時、日本も韓国も新型コロナで大変な状況でしたが、ちょうどその十日前、韓国は国務総理自ら「K防疫」という言葉を定義し、それを世界に広報するよう、外交部に指示しました。「防疫システムに定義があるのか?」とまず驚きですが、そういうことになっています。なぜK防疫が定義を必要としたのかについては、後で詳述いたします。

そして、その「外交部」と「広報」の組み合わせの一環なのかどうかまでは分かりませんが、それから「日本は、韓国の新型コロナ検査キットを欲しがっている。場合によっては、韓国が支援してやってもいい」という主張が、一部のメディアからも出てくるようになりました。

四月二十五日には、『朝日新聞』も「日本からの要請を前提にして、韓国が検査キット提供を検討している」という記事を載せました。ちなみに、その二日後に菅義偉当時官房長官が、日韓の間に具体的な話は行われていない、と話しています（同紙／四月二十七日）。そして厚生労働省も、「韓国製キットは性能が具体的に把握されていない」「日本のPCR検査と同等の正確度をもっているかなどを確認しなくてはならない」と、事前に性能評価が必要だとする認識を表しました（同紙／四月二十八日）。

そもそも日本は検査キットが足りない状況でもなかったし、なぜこんなニュースが日本の全国紙に連日のように載ったのか、まずはそれからよく分かりません。ただ、厚生労働省としては普通のことを言っただけです。

しかし、この件が伝えられると、韓国側の反応は、あまりにもオーバーヒートなものでした。特にその中でも、韓国の大手ニュース専門チャンネルYTNのニュースが、悪い意味であまりにも印象的でした。拙著『反日異常事態』（扶桑社新書）でも取り上げた記事ですが、もう一度引用します。以下、YTNの「苦しむ日本、悩む日本」という報道（二〇二〇年四月二十八日）です。

〈今日、このニュースのせいで「いったい何の話だ」と思われる方も多かったことでしょう。「韓国が新型コロナ検査キットを提供するなら、まず性能評価からしないといけない」

という、日本政府の立場のことです。私たちの政府と日本政府の間に議論されていることは何もありません。では、なぜこのような議論が起きているのか。なにより、日本防疫診療の専門家たちが、韓国のシステムと診断キットの導入を欲しがっているからです。そんな中、日本のリベラルメディア『朝日新聞』が、一肌脱ぎました。『朝日新聞』は、日本政府が意図的に韓国の検査方式を導入すべきだとする要求を無視していると、批判しています。目をそらした理由は何でしょうか。『朝日新聞』はこのように分析します。「韓国から新型コロナ関連支援を受けた場合、旧朝鮮半島出身労働者個人賠償問題や輸出管理厳格化など、外交的事案で、日本が韓国に譲歩しないといけなくなることを、警戒しているのです」。日本政府と日本のメディアが、韓国の能力と成果を、無理して無視しようとする理由が、分かる気がします。検査キットが欲しければ、日本は、先に言う必要があります。「日本人でごめんなさい」「太っ腹な支援をお願いします」「いまからでも協力の扉を開けましょう」、そうでなければいけないのです〉

もはや、韓国の反日は「卑日」がスタンダード

読者の皆さんこそ、初見の方は「これはどういう話だ」と驚かれたかもしれません。日本でもし他国に対してこんな発言があったなら、大騒ぎになり、発言の撤回・謝罪の話、または何かの法的制裁の話が出たことでしょう。でも、これは実際にあった、韓国の大手ケーブルテレビ局（韓国は、ほぼすべての世帯がケーブルテレビに加入しています）の人種差別発言です。

それまで韓国は、少なくとも表面的には、日本側から「韓国は反日国家だ」と言われるたびに、「韓国の反日は過去に限られるものだ。いまの日韓は友好国だ」というスタンスをとってきました。憲法前文の話（抗日組織の後継者を自認している部分など）についても、「独立精神などを意味するものであり、反日ではない」というスタンスでした。もちろん、その中身は、いまを生きる日本の若い世代まで全て含めた、ある種の連座制のようなもので、反日に時代や世代の区別はありません。安倍総理が戦後七十五周年談話で、戦争を経験していない若い世代に戦争の責任を背負わせるべきでないと話したとき、各マスコミなど韓国の世論が猛烈な非難を浴びせたのも、そのためです。

しかし、善良な被害者を演出するために、少なくとも公開的な発言にかぎっては、韓国政府や大手マスコミなどは、いつも反日の範囲を過去に絞ってきました。そういうこともあって、個人的に、YTNの「日本人でごめんなさいと言うべきだ」なる報道スタンスは、本当に異常で、「ああ、もう卑日がここまで表面化してきたのか」と驚かずにはいられませんでした。いまでもブログなどに、ある種の注意喚起も含め、たまにこの記事を引用します。なにより、マスコミ一社がこんな発言をしたことよりも、この露骨な人種差別発言が、韓国社会で一切問題にならなかったことこそが、卑日という思想が韓国でどれだけ社会権を得ているのか、物語っています。そう、自分が見下す相手には、何をしてもいいという考えがどんどん表面化してきたわけです。

もうここらへんで、韓国の反日は卑日（ビイル）がスタンダードになっていた、と見てもいいでしょう。不謹慎ですが、「とりあえずビイル（卑日）」とでも言いましょうか。それでは、現状では、その卑日がどんな形で日韓関係に現れているのでしょうか。ここから、「いま」の話となります。

元日に韓国で報道された「日韓関係」

令和四年、二〇二二年の元日のことです。原稿（本書）執筆が遅れている以外はとても平穏な元日でした。近くの神社に初詣に行ってきて、ゆっくり一休みして、ブログを書こうとパソコンを立ち上げたら、さっそく、いろいろなニュースが目に入りました。日本側では元日ならではの穏やかなニュースが多かったですが（まだ日本ではオミクロン株による第六波が始まる前でした）、韓国側のポータルサイト、各マスコミのページなどには、いくつか気になる案件がありました。

もっとも目立つのは、本書でもこれからいろいろ書いていくことになりますが、やはり大統領選挙に関する記事です。他には、まだまだ死亡者も重症患者も多かった新型コロナ関連ニュース、目新しさはなかったものの文在寅大統領の新年挨拶《あいさつ》、珍しく米国や韓国宛ての対外政策の方針を「非公開」にした、去年末の北朝鮮の労働党全員大会、などなどです。北朝鮮では、首領や党公式のコメントは一度出すと「絶対」な存在になるため、急いで北朝鮮の主張を表明するより、これからの展開を見てから対応しようとしたのでしょう。韓国政府が積極的に推進している「朝鮮戦争の終戦宣言」についての内容が何もなかったのは予想通りでしたが、北京冬季オリンピック関連の内容が何もなかったのは、少し意外でした。

ブログのテーマ的にも、何か日韓関係について書いた記事はないだろうかといろいろ検索をかけてみましたが、韓国のニュース通信社「ニュース1（ワン）」の記事と、韓国の保守系ネットメディア「ペンアンドマイク」の記事が、目に留まりました。元日らしく、どちらも二〇二二年の日韓関係展望に関するものですが、前者は日韓関係に限られた視点であり、後者は東アジア情勢においての日韓関係についての視点でした。

もはや説明の必要もなく、「戦後最悪」と言われている日韓関係ですが、「二国間関係」と「多国間関係」という異なる視点からの分析として、まずは二つの記事を引用したいと思います。ちなみに、直接新聞を発行せず、記事だけを販売する会社を「ニュース通信社」と言います。韓国の最大手は「聯合ニュース」で、他に「ニューシース」「ニュース1」などが有名です。

〈二〇二二年にも、日韓関係は相変わらず先が見えない展開が続きそうだ。旧朝鮮半島出身労働者の個人賠償問題及び慰安婦問題など、日韓間の過去史をめぐる葛藤《かっとう》が何も解決できないまま、福島原子力発電所の処理水海洋放流推進、日本佐渡鉱山（※新潟県佐渡島の金山、佐渡金山のこと）のユネスコ世界遺産登載の試みなど、決して軽くない事案が両国関係の前に待ち受けているからだ。

二〇二一年十月、岸田文雄内閣発足以後、外交情報筋たちは、日韓関係にやっと風穴《かざあな》が開けられると期待する声もあった。岸田首相は、日本執権党である「自由民主党」内でも相対的に「穏健派」に分類されるだけでなく、外相だった経験もあり、「外交の門外漢」菅義偉とは違うという理由だった。しかし、岸田首相が就任してから二カ月の間、韓日関係の流れを見ると、前任の菅義偉首相や安倍晋三首相の時から続いた日本政府の「韓国無視」戦略には、特別な変化が感知されない。慰安婦問題に関しては、韓国外交部の鄭義溶《チョンウィヨン》長官は先月二十九日、記者懇談会で「多くの慰安婦たちが望むのは日本の真正性のある謝罪であり、お金ではない」―「日韓間の過去史問題は、被害者中心原則に従って現実的な解決策を着実に模索していくというのが、我が政府の一貫した立場」とし、日本側に「前向き・合理的対応」を注文したが、このような論理では、「日本はすでに日韓慰安婦合意を履行した」という点を対内外的に強調している日本政府を相手するには、力不足だと言われている。

旧朝鮮半島出身労働者の個人賠償問題についても、先月三十日には韓国裁判所から朝鮮半島出身者への個人賠償のために日本製鉄の韓国内資産を売却する命令がまた（※三菱重工に続いて二回目です）出て、両国間の過去歴史関連葛藤をさらに深化させた。日本政府は、該当命令に関連して外交チャンネルを通じて韓国政府に直《ただ》ちに抗議した。韓国政府は、賠償判決と関連しても「韓日間協議で解決策を模索したい」と繰り返す以外に、より進んだ立場を出せずにいる。政府当局者は、「これまで水面下で両国企業など民間が被害者支援基金を造成する方案など、複数の解決法を提示したが、日本側は応えていない」と説明した。

福島第一原発処理水の海洋放流についても、外交情報筋は、「日本側は、韓国政府が処理水海洋放流の安全性問題を提起すること自体を、『国内政治用』と見ている」「現在では、韓国政府が提案した両国間協議体構成などにも応じる考えはない」と伝えた。日本政府は、処理水の放射性物質濃度を世界保健機関（ＷＨＯ）の飲用水基準値以下に十分希釈して放流するとし、「科学的に安全だ」と主張している。

佐渡鉱山、全般的な関係などにおいても、韓国政府はすでに、日本側に佐渡鉱山の世界遺産登録の撤回を公式要求した状況。しかし、日本側がこのような韓国政府の要求を受け入れる可能性は「ほとんどない」という見通しが支配的だ。鄭長官は先立って、記者会見で「日本との関係では正しい歴史認識が建設的・未来志向的な両国関係の発展の基盤となることを強調し続けている」とし、「また価値を共有する近い隣人として様々な分野で協力拡大のための外交当局間の協議を続けてきている」と話した。しかし、韓日関係消息筋は「現在、韓日間は、米国主導の韓米日安保協力以外には、事実上、接点がない状態だ。日本が米国重視の外交を行っているから、韓米日安保協力にだけ応じている」「当分の間、日韓関係も大きく変わることはないだろう」と見通した〉

二〇二二年最初の衝突――「佐渡金山・世界遺産登録」

二月一日、日本政府は佐渡金山、「佐渡島の金山（さどのきんざん）」の世界遺産登録公式推薦を公式に決定しました。併合時代に朝鮮半島出身労働者たちが動員されたという理由で、韓国政府は強く反発しています。日本が佐渡金山を世界遺産に登録しようとするのは、主に江戸時代に金山として有名だったからですが、韓国側は併合時代を問題視しており、報道でも「金山」ではなく「鉱山」としています。金山の韓国語訳は、「金鉱」になります。戦争のための鉱山だったという点を強調したい狙いなのでしょう。本書では佐渡金山については多くは取り上げませんが、「ニュース1」の言う通り、二〇二二年日韓関係で衝突が予想される懸案の一つであります。

記事は、全般的に目新しさはありませんが、とても率直な内容です。特に、「価値を共有する近い隣人として様々な分野で協力拡大のための外交当局間の協議を続けてきている」とする政府側の発表を引用したすぐ後に、「でもね、実はですね、接点が何もありませんよ」という取材結果が来ると、なんというか、破壊力が感じられます。最初にこの記事を引用した理由も、無難だからです。「あ、そうそう、いまの日韓関係ってこんな状況だよね、確かに」と思えます。賛否の程《ほど》は別にして、現状をありのままに書いています。現在、いろいろ困難だけど、解決の兆しが見えない。政府の対応は現実的ではない、と。

それでは、次は、「ペンアンドマイク」掲載の、元外交部北核大使イ・ヨンジュン氏の寄稿文を紹介します。ほとんど似たような内容ですが、日韓関係だけでなく、東アジア地域に対する見解となります。

引用部分は日本関連だけなのでほかの部分を簡単にまとめますと、イ元大使が見た、二〇二二年、朝鮮半島をめぐる東アジア地域の変化は、「内部的な問題で、北朝鮮は何かの挑発を行うしかない」「米中対立の影響で、中国の成長が鈍化していく（中国が勝つ可能性は低い）」「台湾問題などにより、軍事的面で日本の役割が強化される」の三つの流れです。

先の記事ほどではありませんが、「確かに、そうなるかも」と思えます。イ元大使はこの三つの流れに共通する点として、「全て、韓国においては不利だ」と指摘しています。日本の軍事面での役割強化においては、「韓米同盟など、韓国の立ち位置に否定的な影響を及ぼす」としながらも、「東アジアで日本の役割強化に反対しているのは韓国と中国しかない」と、これまた現実的な、どことなく「政府の方針は、まったく国際情勢が読めていない」という嘆きが感じられます。以下、引用します。

東アジアにおける日本の「普通の国」化を懸念

〈残念ながら、これら（※先の三つの流れ）による変化は、韓国の安全保障や国益の観点からは、決して肯定的な変化ではない。特に、米国の同盟国であるにもかかわらず、経済においての中国依存度を名分に、外交、及び軍事安全保障政策にまで親中路線を目指している韓国の立場から見ると、こうした変化は、韓国が予想しているより深刻な問題になる恐れがある。二〇二二年三月の大統領選挙で誕生する新しい韓国政府が賢明に対処できなければ、安保と経済の両面で大きな試練を経験することになるかもしれない。南シナ海の軍事的緊張は最近、台湾海峡にまで北上している。中国は本土から独立を追求する台湾に対して軍事面でも圧迫しており、これを防ぐために米国と日本をはじめとする連合国艦隊が台湾海峡の中国艦隊と対峙している。中国が台湾に対する軍事的な面で問題を起こした場合、米国と同盟国は大挙して参戦するだろう。

特に日本は、「普通の国」化、いわば再武装推進の一環として、台湾と南シナ海での、米国との連合海上作戦に積極的に参加している。日本は中国の台湾侵攻時に参戦するという立場を公然と明らかにしており、台湾事態が日本の本格的「普通の国」化の起爆剤になる可能性が高い。台湾と隣接する日本領沖縄列島南端の小さな島々には、これに備えて日本自衛隊の対空、対艦ミサイル基地が建設されている。日本の軍事的役割拡大について、現在東アジアで中国と韓国以外には反対する国がなく、台湾も日本の参戦方針を歓迎する立場だ。

日本は一九九〇年湾岸戦争以来、米国からの持続的な軍事的役割強化要求を受けてきた。しかし、そうであるにもかかわらず、国内政治的な理由、法的制約の問題、そして、韓国政府の反対立場を勘案して、地域紛争に対する軍事的介入を極めて自制してきた。しかし、中国の軍事的浮上と韓国政府の親中・反日政策で、日本の安保危機感が高まっただけでなく、米国もまた韓国の親中な歩みによる東アジアの軍事的不均衡をなんとかするため、日本の軍事的役割強化をさらに強力に推進している。

日本政府としては、安全保障上の危機感の高まりにより、「普通の国」化に対する自国内の反対世論が減少し、さらに日韓関係の悪化で、韓国に配慮する理由はなくなった。米国の要請を受けてアジア地域での軍事的役割を強化する方向に、すでに立場を整理している状況である。韓国の反日政策が、逆説的に、日本の「普通の国」化を合理化し、促す結果を招くことになったわけだ。日本の普通国家化による政治的・軍事的な変化は、今後東アジアで韓国の立ち位置と役割に少なからぬ否定的な影響をもたらすと懸念される〉

「クアッド（QUAD）に韓国が参加［できなかった］のが、韓国の現実だ」

二つの記事が書いている「現状」を簡略にまとめてみると、「韓国はいま、どうしようもなく困っている」です。日韓関係の悪化は、結局は日韓関係だけでなく、多国間の関係においても韓国に大きなダメージを与えることになる、と。

ちょうど同じ時期、地政学リスク関連で特に有名なシンクタンク「ユーラシア・グループ」のイアン・ブレマー会長も、韓国メディア「イーデイリー」とのインタビュー（同元日）で、「日本・米国・インド・オーストラリアで構成された安保協議体『クアッド（QUAD）に韓国が参加「できなかった」のが、韓国の現実だ』と話しています。韓国政府はクアッド参加について、米国側から勧誘を受けてもいないとし、参加「しなかった」、必要なら参加する、というスタンスを取っています。

しかし、イアン・ブレマー会長は、参加「できなかった」としながら、その理由の一つとして、日韓関係の悪化を指摘しています。韓国がいま力を注ぐべきは、朝鮮戦争の終戦宣言など北朝鮮に対する宥和政策ではなく、日韓関係の改善である、と。日韓関係についての部分が多くないので引用はしませんが、イ・ヨンジュン元大使と、一脈相通ずる見解です。

もうこれ以上引用しなくても、韓国内でも「うわっ、困っている」という認識があるのは、十分伝わったことでしょう。困っているだけではなく、「ニュース1」の表現を借りますと、「接点」、すなわち解決の糸口になりそうなものがありません。それはそうでしょう。少なくとも安倍総理の頃から、日本は韓国に一方的に譲らなくなりました。トランプ、バイデン大統領は、日韓関係にそう積極的に介入しようともしません。それからずっと、日本は合意や条約などの「法律」、「科学」的なデータ、過去の歴史と現状（安保など）の「客観」的認識、あくまで対等な立場の国家と国家としての「外交」で、話をしようと韓国側に主張しています。

韓国は、何もかも「感情」的で、「主観」的な基準で動きます。だから、何か解決の糸口ができたとしても、政府が変わると言葉も変わるし約束も守らないし、自分勝手な基準を道徳とか正義とかの言葉で美化し、まるで善悪論のような上下関係を作り、一方的に「悪の日本が善の韓国に譲歩する」結果だけを重視しています。これまたいろいろな記事から見られる表現ですが、まさに「平行線」です。接点がなく、これからできる可能性もありません。

韓国「右派」の反日思想、「左派」の反日思想

では、韓国側（政府側もマスコミも）は、この接点がない、でもどうしても接点がほし

い、そんな現状の打開について、どう考えているのでしょうか。その回答を書く前に、ちょっと前置きをさせてください。本章だけでなく、本書で引用している記事全てに言えることですが、韓国側の記者たちにもいろいろありまして、「書きたくても書けない事情だってある」という側面があります。例えば、いままで引用した二つの記事ですが、時期的にも、政府の対日外交を批判するのはリスクがあります。「日本」という単語に対する韓国人の過剰反応を考えると、いつもある程度のリスクは付きものではありません。でも、時期が時期でして。

当時、次期大統領選挙関連で、実に険悪な雰囲気でした。「日本は韓国に謝罪し賠償せよ」などとする中身のない記事なら、全然問題ありません。韓国人なら、私のような倭寇《わこう》（数年前から、親日な人はこう呼ばれます）系の変異株でもなければ、まず反対する人はいないでしょうから。でも、政府の対日政策について批判する記事を書くと、「これは、保守派を支持する記者が書いたものだ」と叩かれます。

韓国で、「反日」に逆らうことはできません。日本では、「韓国の右派（保守派）は、左派（韓国で言う「進歩派」、リベラル派）に比べて、反日思想が弱いまたは現実的で、対日政策においてもよく対立している」とする主張も出ています。でも、それは誤解です。

何もかも全部間違っているというわけではありませんが、核心からはズレています。韓国は左派も右派も反日で、人によって程度の差はあれど、両方、反日に逆らうことなどできません。政党の支持率が下がり、個人的にも社会的地位を失うだけです。

韓国で右派が左派を、この場合「文在寅政権」の対日政策を批判する理由は、大まかに二つだけです。一つは、お互い「政策を批判し合っている」だけ。批判の対象はあくまで「政策」であり、決して、「反日」について批判することはできません。

例えば、右派には、左派側に比べると、二〇一五年の「日韓合意（慰安婦合意）」に柔軟な態度を示しており、ちゃんと履行すべきだと、それを履行しない現在の左派政権は間違っていると指摘する人もいます。でも、その保守右派の大統領候補は、慰安婦と会って「かならず日本の謝罪を受け取ってご覧に入れます」と誓う、両面性を見せています（二〇二一年九月十一日）。

左派に対しては「慰安婦合意を履行しなかった現政権は間違っている」と主張している保守右派の大統領候補が、慰安婦問題は「すでに解決済み」とする慰安婦合意の核心を自ら破ったわけです。もっと簡単に言えば、「私なら、もっとうまく反日できる」と相手を批判しているだけで、反日自体に非難を加える人はいません。右派だろうと左派だろうと、お互いの「政策」をダメだと指摘しているだけで、慰安婦問題など反日の核心となる事案そのものには、一切の問題を指摘しません。いえ、「できません」。

もう一つは、左派側の反日政策は、右派に比べて、「米国」まで、詳しくは日米韓安保協力まで巻き込むものが目立ちます。有名なのが、日韓GSOMIA（軍事情報に関する包括的保全協定）問題です。右派は左派に比べて、信じられないほど親米な人が多く、右派のデモにはなぜか米国の国旗も無数に登場します。これは、韓国の米国大使館としてもずいぶんと困ったことだと聞きました。

特に、本書でも詳述することになりますが「朝鮮戦争の終戦宣言」については、左派と右派で意見が克明に分かれており、左派は、北朝鮮を対話の場に誘い出し、朝鮮半島の平和を維持するためには終戦宣言が絶対に必要だと主張していますが、右派は、終戦宣言は、結局は在韓米軍撤収に繋がるので、絶対にダメだとします。

実際、左派側では、終戦宣言は平和宣言（平和協定）に繋がるので、いずれ在韓米軍の駐屯名分はなくなると主張する人もいます。在韓米軍は、在日米軍と違って、朝鮮半島問題に特化している側面がありますので、右派としても、実際に米軍撤収まで連動してしまうのではないかと、危機感を覚えているわけです。だから右派の人たちは、左派の反日政策を、「反米政策の迂回路《うかいろ》」として認識します。実際、反米と反日はまったく同じものではありませんが、韓国の反日思想には反米の側面が内包されています。

韓国が考える現状への打開策――「韓国は何もしない」

これらの特徴は、韓国内では誰もが知っていることで、大統領選挙が盛り上がっている時点に「現政権の対日外交は機能していない」、または「対米外交が機能していない」「日米韓共助のために、韓国はまず日本と関係を改善しないといけない」などの記事を書くと、「この記事は、保守右派からお金をもらって書いた記事だ」と一方的に叩かれるだけです。

話が途中でズレてしまいましたが、そんな雰囲気の中だからこそ、「書きたくても書けない」という事情があります。もちろん、だからといって、「はい、そうですか」と肯定する義理があるわけでもありませんが、記者さんたちも大変なのは事実です。これから特に妙な記事の引用が続くので、引用する側としての最低限の礼儀として、前置き致しました。それでは、本題に戻ります。

「では、こんな接点のない状態だが、現状を打開するために韓国側が具体的に出している案は、どんなものがあるのか」、その答えですが、私が多数の記事を読んで気づいた中では、一つしかありません。「韓国は、何もする必要はない」です。

「やっと極右の菅義偉《すがよしひで》がやめた」と歓喜した韓国

メディアだけではありません。匿名情報ではありますが政府関係者たちも、同じ趣旨を普通に話します。匿名政府関係者の発言を引用する記事にもパターンがありますが、「匿名関係者は、〜で記者たちと会って、〜と話した」という書き方の記事は、結構信憑性《しんぴょうせい》があります。なぜなら、わけあって名前が書けないだけで、その日その場所で記者たちと会った関係者なら、特定が可能だからです。また、記者「たち」と会ったなら、他にも聞いた人がいるということでしょう。そんな形の匿名関係者発言からも、この「韓国は何もする必要がない」という内容が、頻繁《ひんぱん》に出てきます。韓国は何もしなくていい、いずれ、「日本が折れる」、と。

これまた、日本の一般市民の方々からすると「えっ?」ということでしょうけど、現実です。この動きは、菅義偉首相のときにもあるにはありました。「日本は韓国を排除できない。米国が黙っていない。バイデン大統領は日米韓三角安保（日韓は同盟ではないので三国同盟ではなく三角同盟です）を重視している。結局、困って頭を下げるのは日本だ」、そんな類《たぐい》の主張でした。

このパターンは、二〇二一年十月、日本の衆議院選挙のときから、さらに強くなりました。「やっと極右の菅義偉がやめた」が理由です。特に、二〇二〇（二〇二一年ですが）東京オリンピック開会式で、韓国側は、文在寅大統領が参席する条件として、日本に「成果のある首脳会談」を要求しました。フランスのマクロン大統領なみの待遇と、対韓輸出管理厳格化（韓国で言う「輸出規制」）の解除などを、その成果として要求した、と言われています。

その首脳会談騒ぎは、韓国では大きなニュースでした。毎日のように、日韓首脳会談する、しない、決定、未定、略式決定、やはり未定、などなどと、検証もされていない情報がスクープされました。前著『文在寅政権 最後の暴走』でも、かなりの紙面をこの件に割り当てた記憶があります。

でも、結局、ダメでした。そもそも、安倍総理が韓国の平昌《ピョンチャン》で開かれた冬季オリンピック開会式に参席したので、文大統領の訪日はその答礼としてのものでした。答礼をしに来る人が条件出しちゃダメでしょう。しかし、韓国側では、「韓国は手を差し伸べたのに、日本がそれを拒否した」といういつものフレーズで報じられ、日本が悪いという流れになり、その時点から菅政権では関係改善は無理だ、そういうことになってしまいました。そこで、菅総理が「新型コロナ問題に専念する」としながら辞任を表明、韓国では「よし、きた」という雰囲気になったのです。

「参議院選挙が終われば、岸田政権は親韓になるだろう」

でも、韓国じゃあるまいし、政権が変わったからって日本の外交政策そのものが簡単に変わるはずがないでしょう。なにせ、韓国側は何もしていないから、変わる理由もありません。もちろん、韓国側にも冷静に「総理が変わってなんとかなる状況ではない」と指摘するメディアもありました。でも、多勢に無勢、岸田文雄さんが首相になってから、韓国では「岸田文雄は外相経験者で穏健派だから、これでもう日本が頭を下げてくるだろう」との報道が相次ぎました。

でも、案の定、岸田政権になってからも、日本の対韓外交はさほど変わっていません。

むしろ、前より「やばい」状態になっています。菅総理と岸田総理の所信表明演説を、並べてみましょう。それぞれ、首相官邸ホームページから引用します。

まず、二〇二〇年十月二十六日、菅総理の所信表明演説、韓国に関する部分はこうなっています。「韓国は、極めて重要な隣国です。健全な日韓関係に戻すべく、我が国の一貫した立場に基づいて、適切な対応を強く求めていきます」。

二〇二一年十月八日、岸田総理の所信表明演説ではこうなっています。「韓国は重要な隣国です。健全な関係に戻すためにも、我が国の一貫した立場に基づき、韓国側に適切な対応を強く求めていきます」。

間違い探ししてみますと、「極めて」がどこかにいってしまいました。それから、二〇二一年十二月六日、臨時国会での岸田総理の所信表明演説は、こうです。「重要な隣国である韓国には、我が国の一貫した立場に基づき、引き続き適切な対応を強く求めていきます」。今度は、「(両国関係を)健全な関係に戻すために」が消えました。アガサ・クリスティーの『そして誰もいなくなった』のような展開です。ちなみに岸田総理は「外交安保」関連で近隣国については、中国、ロシア、韓国の三国について話しており、韓国が最後でした。

これだと、さすがに「あ、やはり何か韓国側が大きなきっかけでも作らないとダメか」と気づきそうなものですが、気づかないのか、それとも心理的な何かの理由で「気づいてはいけない」防御システムでも機能しているのか、韓国側の「岸田愛」は冷めることを知りません。

岸田総理は韓国高官との出会いを事実上拒否

その現れとして、本稿の時期（二〇二二年初頭）にもっとも盛り上がっているのが、「参議院選挙が終わると、岸田政権のほうから韓国に親韓になるだろう」という予想です。そういう趣旨の記事を読んでみると、結果的には「韓国は何もしなくてもいい」という見解が共通しています。すなわち、日本は選挙などの事情のためにわざと冷たくあたっているだけで、実はもうすぐ親韓になる。だから韓国が何かをする必要はない、と。この手の記事、結構な数が出ていましたが、代表的なものを一つだけ引用してみます。『東亜日報』の日本特派員が書いた記事です。

本記事は二〇一四年八月三十一日、柳興洙《ユフンス》当時駐日韓国大使が、地すべりで住民数十人が亡くなった広島の被災地を訪問し、被害者たちを慰めたエピソードを紹介しています。それから、広島の議員でもある岸田文雄当時外相が、柳大使を招待し、感謝を示し、帰りの際にはエレベーターまで見送りしてくれた、という話です。

記事は、そのエピソードと、同じく二〇二一年十二月に広島を訪問した現在の駐日韓国大使、姜昌一《カンチャンイル》氏を対比させています。姜昌一大使に対しては、岸田総理は何の感謝もしていない、との趣旨です。ですが、北方領土はロシアの領土、天皇陛下（今の上皇）が慰安婦に謝罪すればいい、などの趣旨を話したことで、姜大使は元から日本大使にふさわしい人ではなかった側面について、記事は何も指摘していません。というか、姜大使が訪問した際には、広島には何の問題もありませんでした。また、柳興洙大使は高齢の方で、岸田さんより二十歳以上も年上です。それでは、ここからは引用します。

〈……（※例のエピソードを紹介した後に）姜昌一駐日韓国大使も二〇二一年十二月十八、十九日、広島を訪問して現地政治家たちと面談し、「新時代の韓日関係展望」をテーマに講演もした。しかし、岸田首相の感謝挨拶はなかった。もちろん、首相と外相という役職の重さが違って、そうだったと思うこともできる。だが、もし外相だったとしても、感謝の挨拶はなかっただろう。それだけ韓日関係は凍りついており、日本首相と外相は韓国高官との出会いを事実上拒否することで、韓国に不満を表出している。

解決策は何か。先月、執権自民党の政治家大物三人を相次いでインタビューした。「韓国が解法を出さなければならない」と主張する政治家（河野太郎自民党広報本部長）もいるし、「歴史と協力事案を分離するツートラックに行かなければならない」と強調した人も（石破茂議員）いた。韓国政府が先に賠償し、後に日本企業に請求する代位返済を提示した議員（河村建夫元日韓議員連盟幹事長）もいた。

岸田首相はまだインタビューしていない。彼の心の中にある解決策は誰に近いだろうか。表に現れた発言を見ると、河野本部長と同じだ。しかし、岸田首相を長く取材した日本のジャーナリスト、彼と至近距離で働いていた公務員たちは意外な答えをする。「石破議員と一番似ているだろう」。岸田首相の自叙伝『岸田ビジョン』を読んでみると、目立つテーマがある。外相時代だった二〇一三年、日本と中国は尖閣《せんかく》列島で大変だった。それでも、ブルネイで開かれたアセアン外相会議の時、岸田外相は王毅《おうき》外交部長と非公式に会って「私がいくら日本の立場を話しても、あなたは『分かる』と言えないだろう。逆に、あなたがいくら中国の立場を話しても、私が『分かる』と言えない。だから、未来に向けて協力する部分を探すのはどうだろうか」と話した。

二〇二一年、日韓関係は全く改善されなかった。岸田首相は「外交的解決法を模索しよう」という韓国側の提案に応じていない。このような姿勢は来年七月、参議院選挙まで続く可能性が高い。それまで岸田首相は、前任安倍晋三、菅義偉首相の外交安全保障政策を踏襲し、保守層の結集を誘導しなければならないからだ。もし来年参議院選挙でも自民党が勝利すれば、状況が変わるものと見られる。政治基盤を固めた岸田首相が、いよいよ自分の色を表わすことができる。いま、韓国側に必要なのは、雰囲気が熟するまで、待ってやる知恵であろう〉

（『東亜日報』／二〇二一年十二月二十八日）

林外相の発言を都合のいいように誤訳

引用部分はできる限り「自分の書き方」をしないつもりですが、もし多少の意訳を加えるなら、「待ってやる」は、「待ってあげる」がもっと適切な訳になります。そんなニュアンスの文章です。これでも右派系とされる『東亜日報』、日本特派員の記事です。最初から最後まで、「感謝や配慮は韓国が日本にするものではなく、日本が韓国にするものだ」

のオンパレードです。そして、その配慮こそが、「国際法、条約、合意、国家間の約束」より上位の概念である、と。そうでないと、こんな文章は書けません。余談ですが、この前の衆議院選挙前にも、まったく同じ趣旨の記事が結構出ていました。衆議院選挙が終わると、日本が先に関係改善を言い出すだろう、と。

ちなみに、記事は「韓国政府が先に賠償し、後に日本企業に請求する代位返済を提示した人もいる」とし、河村建夫氏がそんな話をしたような書き方になっていますが、これは、ちょっとだけ、違います。代位返済には、まだ具体的な定義がなく、「韓国政府がそのあとに日本企業に請求する」について話が一貫していません。同じ記者が二〇二一年十一月に河村建夫氏にインタビューした記事を読んでみると、河村氏の代位返済についての発言に「あとで日本企業に請求する」との内容はありません。

河村氏が「代位返済」の方法について、詳しくどう思っているのかは分かりませんが、韓国側のマスコミの記事には結構頻繁に似たようなミスリードが見られます。

例えば、十二月六日の「ニューシース」の記事では、こうなっています。

〈日本の新任外務相が、先月就任後、韓国の鄭義溶外交部長官と電話会談を実施していない。「韓国警察幹部の竹島（独島の日本での名称）上陸に日本側が反発、対話雰囲気が枯れたためだ」と時事通信が六日報道した。通信は、「林芳正外務相が就任してから、十日で一カ月になる。各国外交部長官と挨拶を兼ねた電話会談をしてきたが、韓国の鄭長官とは見通しが立ってない」としながら、このように伝えた。林外務相は先月十一日、初の記者会見で「日韓関係を健全な関係に戻し、さらに幅広い分野で協力するために外交当局間の協議とコミュニケーションを加速する」と明らかにした〉

しかし、林外相の発言についての部分、実際の発言とはニュアンスがずいぶん違います。当日、林外相は、実際は「健全な関係に戻した後、幅広い分野で協力するための外交当局間の協議や疎通を加速したい」と話しました。言い換えれば、いまの問題が解決しない限り（韓国側が解決策を提示しないかぎり）、幅広い分野での疎通は進められないというニュアンスになっています。十一月十一日の発言です。

いまでも「林新外相」「戻した後」で検索すると、関連記事がヒットします。「戻した後」を妙に誤訳するこの現象は、決して全てのメディアがそうだったわけではありませんが、「ニューシース」だけでなく大半の韓国メディアから見られました。

韓国が何かをする必要はない、盗賊（日本）が懺悔《ざんげ》するまで待ってやる

なぜここまで「日本が頭を下げてくる」とし、その根拠を作るために、各発言に対して「わざとやったとしか思えない」ミスを続けるのか。それは、嘘をついてでも上下関係の世界観の中で生きたいからではないのか。そんなことに何の意味があるのか。

実は、「韓国は何もしなくていい（日本のほうが勝手に折れる）」は、安倍総理の頃から日本の一貫したスタンスである、「韓国は国際法違反状態にあるので、問題を是正する責任は韓国にある」への対抗でもあります。韓国は日本に対して、「賊反荷杖」という言葉をよく使います。これは、日本でいう「盗人猛々《ぬすっとたけだけ》しい」の意味になります。

二〇一九年八月、日本は韓国への輸出管理厳格化を行い、いわゆる「ホワイトリスト」から韓国を除外しました。厳格化というか、実はそれまで韓国への輸出管理手続きを簡素化し、優待していた（いわゆる「ホワイトリスト国家」）だけですが。その際、韓国の文在寅大統領が、日本に対して賊反荷杖と言い、それが日本側のメディアで「盗人猛々しい」と訳され、報じられたことがあります。

その際、面白かったのは、それでも韓国側をなんとか擁護したかったのか、日本の一部

のメディアが、「本当に盗人猛々しいと言ったのではなく、訳の問題」とし、多少の意訳によるものだとする記事を載せました。「逆ギレ」程度の訳がもっとよかったのではないか、という指摘ならまだ分かります。十分、一理あります。でも、それらの記事の中には、「犯罪者を意味する『盗人』のような表現を用いたものではないので、語感が弱い」など、話にもならない擁護をする記事もありました。多分、賊反荷杖が何の漢字でできているのかを知らなかったのでしょう。

「賊反荷杖」とは、罪を犯した盗「賊」が、許しを請うどころか、むしろ木の棒（杖）を手にして攻撃してくるという意味で、「盗人猛々しい」そのままの意味です。当時、賊反荷杖の韓国語WIKIページに、「これは、日本語の『盗人猛々しい』のように人間的な側面を攻撃する言葉ではない」と誰かがわざわざ追記を入れたり、韓国の文派（ムンパ、文大統領支持者たち）たちの間では、相応の自己防御（?）が流行りました。グーグル翻訳などではちゃんと訳されないから、多分、誤魔化《ごまか》せると思ったのでしょう。でも、当時、もしやと思って、個人では編集できない韓国の大手ポータルサイト「NAVER」と「DAUM」の「国語辞典（韓国語辞典）」ページに、적반하장（賊反荷杖）と書いて、出てきた結果を「日本語辞典」に変えてみたら、そのまま「盗人猛々しい」と出てきて、一人

で声を出して笑った記憶があります。

そう、韓国が何かをする必要はない、それは、盗賊が懺悔《ざんげ》するまで待ってやるという意味です。見方にもよりますが、韓国では、反共（反・北朝鮮）思想の強い保守右派勢力の支持者でも、北朝鮮に対して「必要以上に強硬な態度を取らず、北朝鮮が対話の場に出てくるように誘導しよう」との考えが主流になっています。それと同じです。日本が、相応の罪を背負って対話の場に出てくるようにしよう。ただし、韓国は何もする必要がない、と。

「卑日」こそ韓国の「対日外交」の現住所

これは、「韓国は何も悪いことをしていない」という信念に基づく現象で、たまに韓国側で目にする「韓国は反日じゃない」とする主張もこの信念から来ています。韓国の主張こそが正しく、中立的なものなので、それは「反日」ではない、と考えてしまうわけです。だから、いつもは「未来志向」としながら日本と我慢強く対話をしていこうとする意見が結構ありますが、例えば、日本が「竹島は日本の領土です」と言ったりすると、韓国では一気に反日が燃え上がります。賊反荷杖、すなわち、ドロボウに謝る時間をやったのに、逆に攻撃してくるとは、これはどういうことだ！　としながら。このパターンは、韓国の情報をチェックされる方なら、何度も経験されたことでしょう。そう、あえて言いましょう。これこそが、「卑日」たる心理が、最大にして最悪の発現を成し遂げたものである、と。約束も合意も条約も、いや「外交」そのものも、全ては「対等な関係」で初めて意味を成すものです。約束を守ることは、全ての「上下」や「地位」を超える概念です。

それを要求する日本に対し、韓国が貫いていること、それは、何もしなくていいというスタンス。日本がやるべきことは、罪に対し許しを乞《こ》うことであり、その絶対的な上下関係こそが、両国が志向すべき「未来」である。国際法に違反したとか、韓国は約束を守るべきだとか、そんなものを超越する圧倒的な善悪論の世界です。これが、韓国の「対日外交」の現住所です。

なんだかんだで、文在寅政府が任期末にもかかわらず四十%~四十五%という高い支持率を確保しているのは、彼の外交政策も相応の評価を得ているからです。論理展開として決して絶対的とは言えないものの、「卑日の発現」は、韓国で社会的同調を得ているわけです。

学界を含む韓国社会全般に「日本を無視する」現象が深化

それでは、このような現象が政治だけに限られるものではない、という側面について論じ、本章を終わりにしたいと思います。まず、「学ぶ」関連の記事です。いままで書いてきた卑日考察と、年度的におおまかに一致していることにもご注目ください。

〈日本史学会長を務めるパク・フン、ソウル大東洋史学科教授は最近、日本史を研究する若い学者が急減したと懸念した。十年前には、一年に五人以上は国内外で日本史博士学位を取得する人が出てきたが、最近は一人、二人に過ぎないという。東日本大震災と新型コロナパンデミックによる余波もあるが、最近の韓日関係の悪化が少なくない影響を及ぼしたという分析だ。このような雰囲気は、学界だけではない。一般人たちの日本に対する関心もますます冷えている。二〇二一年五月に韓国で出版された日本ベストセラー作家、佐藤優の対談集『日本はどこへ向かうか』は、読書家たちの好評にもかかわらず、まだ初版一千五百部さえ消化できずにいる。原因は何だろうか。パク・フン教授は、学界を含む韓国社会全般に「日本を無視する」現象が深化しているためだと話す。

過去には「日本は嫌いだが、学ぶべきことがある」という考えが支配的だったが、二〇〇〇年代に入って韓国の地位が高まり、そういう考えも消えたということだ。二〇〇〇年代以降に生まれた若い世代ほど、この傾向が強い。最近教育部が発表した「二〇二二改正教育課程」は、この流れをさらに深める懸念が出ている。教育部が二〇二五年からの高校一般選択科目（※必須ではなく、自分で選択できる二十六種類の科目）から、日本史を含む東アジア史を除外したためだ。これに東洋史学会など六つの学術団体が、教育部方針に反対する声明を出している。

問題は、日本の国力が、私たちが無視していいレベルではないという現実だ。日本の国内総生産（GDP）は米国、中国に続き世界三位だ。さらに、東アジアで中国が地域覇権国に浮上する状況で、日本の戦略的価値は格別なものになりつつある。日本に対する関心と研究が持続的になされなければならない理由だ〉

（『東亜日報』／二〇二二年十二月二日）

カナダの社会科教科書で日本が美化されていると恨み節

いままでの考察が全てそうでしたが、「別にもう学ぶべきことないもんね」という流れなら、それは別にそれで構いません。似たような理由で、欧米への留学に興味を示さない日本の学徒も増えている、とも聞きますし。ただ、この記事を読んで、私はある記事を思い出しました。日本でいうとNHK Eテレ（教育放送）のような放送局、韓国のEBSが運用するサイト「グローバルリポート」に、カナダ駐在の元教師が書いたレポート（二〇二一年三月八日）です。カナダのグレード8（十三歳）の社会教科書の話です。

〈終わりが見えない親日清算と、まだ謝罪を拒否している日本の行動に重い心を隠すことができない。さらに、日本は莫大な金融的支援をもとに、素早く、世界のあちこちに自国の影響力を広げている。その一つ、カナダの社会科（Social Studies）教科書の内容が挙げられる。八年生の社会科教科書を見てみると、大きく三つのユニットに分かれているが、三つ目のユニットが「日本」であり、サブタイトルは「孤立から適応へ（From Isolation to Adaptation）」である。日本をテーマにした内容は、なんと百十五ページに渡って五つの章で詳細に書かれている。日本の伝統服飾と地理的な位置だけでなく、日本の信念と価値観の形成について説明する。江戸（Ｅｄｏ）幕府時代、西洋への鎖国政策と日本のアイデンティティーを守ろうとする努力、それ以降、西洋文化との接触によって発生した変化と発展で、新たな文化を咲かせたというのが大きな流れだ。

最後の章は、「ルーツに戻ること（Return to Roots)」という題で、西欧化で発展した文明を持つことになった日本が、それでも固有の文化を大事に守り抜いていくという内容である。教科書には、日本がアジア諸国に行った悪事とそれによる悲劇の歴史について一行の言及もないことに、胸が痛い。カナダでここまで詳細に日本について教える理由は何だろうか？　日本の歴史と文化について美しく説明された教科書で勉強したカナダの学生は、日本に対して好意的に考え、文化に対する尊重で親しく近づいていくだろう。しかも、自我が形成され始めた八年生の教科課程の中で大きな部分を占めていることに、ただ驚くばかりだ。

日本は、世界各国で大小の影響力を広げ、自国の歴史について美化と広報を止めずにいる。緻密な日本の外交力と影響力に対し、警戒心を持たなければならない時である。また、韓国文化の優秀性とともに歴史の真実を知らせようとする外交的、社会的努力が続いてい

くことを期待したい〉

これもまた、結局は「尊重されるべきものは日本ではなく韓国」という単純無比な上下論でできていると言えるでしょう。そう、日本に対する韓国と世界の「価値観」は、まったく別のものです。学びたいものがないからやめたというならいいけど、実は「目をそらしたい」だけではないだろうか。どうしてもそんな気がするのは、私の心が曇っているから、でしょうか。

第二章　傲慢な錯覚の象徴「K防疫」の崩壊

「卑日」の支えだった「K防疫」

さて、ここから防疫関連の話が出てきますが、まず率直に書いておく必要がありましょう。これから、韓国の新型コロナ防疫システム、いわゆる「K防疫」に関して、いくつかの問題点を指摘することになります。最も本題になるのは、「なぜウィルスではなく日本と戦っているのか」という側面。そして、副題となりますが、K防疫というものが実は韓国社会の特徴、または望まれているシステム的特性を表したもので、それは日米など自由民主主義陣営のそれではなく、中国・北朝鮮の考え方に近いものだった側面を論ずることになります。

私は防疫の専門家ではありません。論じたい部分も、防疫そのものではありません。それに、少なくとも韓国政府の公式発表を信じるなら、韓国の新型コロナ防疫は決して「全然ダメだった」「世界最悪だった」というほどのものではありません。同じく、韓国とは違う道を歩いた自由民主主義陣営の防疫が、結果的に韓国より優れていたと言い切ることもできません。ただ、国家というものは、結局は特定の価値観を土台にして作られたものであり、防疫よりもさらに広い範囲での国家システム上、「やりたくてもできない」部分があり、それが防疫にも反映されています。そんな「差」を論じていきたいと思います。

韓国政府の発表そのものが疑わしいという意見もあるし、率直に私もそう考えていないわけではありませんが、そこは心証だけにしておきます。そう、本書の本題はあくまで「卑日の支えだったK防疫」という側面に限られるものであり、決して防疫そのもの、特に医療現場で戦い続けた医療陣の努力までひとくくりにして否定するものではなく、たとえ書籍であってもそんな主張は許されるものではない、私はそう思っています。

大統領の公式演説でも語られる「K防疫は韓国の優秀さの象徴」

まず、そもそもK防疫とはなんなのか、その定義から見ていきましょう。そもそも、「いやちょっと待て、防疫システムに定義があるのか？」と驚かれる方も多いでしょう。ちゃんとあります、これが。外交部（韓国の外務省）が出して公式資料などもいろいろ確認できますが、硬い公文書より、本書では二〇二〇年四月二十日KBSの記事から引用します。

丁世均《チョンセギュン》総理は十七日、韓国の防疫モデルを「K-防疫」と呼び、このモデルを世界中と共有するさまざまな方法を探るよう、外交部に注文しました。丁首相は「私たちの防疫モデルに世界が関心を持って注目している」とし、「広範囲な診断検査で早期に患者を見つけて地域社会から隔離し、ICTを活用した疫学調査を通じて確診者（※韓国で言う感染者）の接触経路を明らかにして透明に公開する戦略が代表的なK-防疫モデル」と紹介しました。

続いて「精度の高い診断キット、対面接触を最小限に抑えるドライブスルー（車両移動型）とワークスルー（歩行移動型）検査、市民の自発的参加と協力をもとにした自己診断アプリの活用、病床不足問題を解決するための生活治療センターの導入、秩序整然とした全国単位の防疫などは、開発途上国だけでなく先進国までもベンチマーキングの対象にしている」と付け加えました。外交部は、新型コロナに関する国際協力を推進する「仮称・国際協力タスクフォース」を作成しました。ハム・サンウク外交部他者間外交調整官がTFチーム長となりました。外交部の高位当局者は、「K-防疫と名付けるのは、私たちでそう呼ぶのはいいとしても、外国の防疫のためとなると、（※K防疫とかそんな広報より）できるだけ役に立とうとする謙虚な姿勢を示す必要があるのではなかろうか」と付け加え

ました〉

日本でもよく知られている「K防疫」という単語が正式に誕生したのが、この日です。余談ですが、引用部分最後に当局者はまともなことを言ってくれましたが、それからK防疫が他国の防疫システムに役立ったわけでもなく、外国の論文や記事からも、初期にはある程度の反響があったものの、すぐに消えました。韓国では、この「定義と広報指令」から、大統領の公式演説などで「K防疫は韓国の優秀さを象徴する」との内容が相次ぎ、韓国社会の大きな誇りとして定着していくことになります。「韓国は日本より優秀だ」とする論拠としても。

「ウィズ」ではなく「水」ワクチンが流行語に

一言で、K防疫は「3T」です。KだけどTです。とりあえずできる限り検査数を増やす、全員に対するPCR検査（Test）、防犯カメラの映像でも携帯通話記録でもクレジットカード使用記録でも何でも使って感染者及び濃厚接触者の移動経路、「動線」を追いかける追跡（Trace）、そしてそうやって見つけた感染者などを隔離、基本は入院により、治療（Treatment）することです。

K防疫は、少なくとも二〇二一年十月あたりまでは、相応の効果を発揮するように見えました。そして、これは二〇〇二年ワールドカップのときのように、韓国は凄《すご》い、日本は劣っている、そんな主張の論拠となり、大勢の韓国人に優越感を与えました。先に紹介したYTNの「日本人でごめんなさいと言え」発言も、このときに出てきたものです。しかし、3Tからも分かるように、K防疫は強力な政府統制があってこそのシステムです。二〇二一年十月、韓国はワクチン接種完了（二次接種まで）が七十五％を超え、十一月からいわゆる「ウィズコロナ」に入ると発表します。このときから、K防疫は崩壊を始めます。

これからいくつかデータも紹介しますが、ウィズコロナを始めた（防疫措置を大幅に緩和した）二〇二一年十一月一日から、事実上ウィズコロナが失敗し再び防疫措置を強化した十二月十五日までの四十五日間、新規感染者もそうですが重症患者や死亡者が大幅に増加し、入院できずに人が亡くなり、入院するためには入院中の誰かが死ぬのを待つしかない、そんな事態が続きます。

日韓の人口比から考えて、「日本で言えば」、毎日百〜二百人の死亡者が出る時期が、一カ月以上も続きました。当時、韓国はまだオミクロン変異株は流入したばかりで、メインはデルタ株でした。ワクチン接種の完了率が七十五％を超えていたのに、なぜここまで重症者・死亡者が出るのか。ワクチンを接種したからといって、感染しなくなるわけではありません。しかし、重症者や死亡者は減ることになります。そうならないなら、意味がないでしょう。

本稿を書いている二〇二二年二月の時点では、日本はオミクロン変異株による第六波で大変なことになっています。実効再生産数（感染者一人が平均で何人に感染させるのかを表す数値）が少しずつ下がってきているし、テレビから「歴代最多！　歴代最多！」という言葉が聞こえなくなりましたので、遅くても本書が書店に並ぶ前には、ピークアウトするのではないか、と思われます。日別の感染者数は五波より三・五倍以上も増えたのに、重症者・死亡者の数は五波に比べて少なく、最善ではなかったかもしれないものの、いままでの防疫のための官・民の努力が決して無駄ではなかったと実感できる結果となりました（無駄だったと思うことが、もっとも危ないことです）。個人的に、緊急事態宣言なしで乗り越えることができるなら、かなりの進展だと見ています。

まだ時間はかかるかもしれませんが、新型コロナは、本当に風邪のような存在になっていくことでしょう。風邪だろうとなんだろうと引きたくないのは同じですから、もちろん新規感染者も少ないほうがいいに決まっているでしょう。でも、ワクチン接種が進んだ後だと、日本のようなパターンが望ましく、韓国の四十五日間が最悪のパターンとなります。防疫措置を頑張るのはワクチンや治療薬の開発及び接種まで耐えるためであり、決していつまでも耐えてくれというものであってはなりません。その「耐えた」期間は、何だったのか。そんな嘆きが「水ワクチン」という流行語を作り出したのでしょう。

該当期間（例の四十五日間）を前後して、韓国の「致命率」は、急上昇しました。この無残さは、単に防疫措置の強弱ではなく、ワクチン接種に関しても何か問題があったのではないか、そんな疑惑を巻き起こすことになります。韓国で、一部の会社のワクチンは効果がない、またはワクチンそのものが無用だとする、「水（ムル）ワクチン」という言葉が流行ったのも、この時期です。

全世界平均を上回った韓国の「致命率（感染者の死亡率）」

文《ムン》大統領の支持率、そして「韓国人の誇り」までもが、K防疫とほぼ一致していたためか、欧米の国は韓国より被害が大きかったから、それでも韓国は頑張っているとする声もかなりありました。しかし、韓国の周辺にある国家に範囲を絞ると、韓国より感染者が多い国はベトナムだけでした。また、感染者が増えていた米国やイギリスよりも、当時の韓国のほうが、致命率が高くなっていました。

ちょっと意外ですが、この件を積極的に報じていたのは、左派寄りの『ハンギョレ新聞』です。データは間違いだ、新聞社が政府を批判するために捏造《ねつぞう》した、そんな非難もありましたが、もともと『ハンギョレ新聞』は韓国の代表的な左派メディアで、いつもなら左派政府（文在寅《ムンジェイン》政府も左派政府となります）を強く支持しています。以下、引用します。

〈世界主要国は、新型コロナのワクチン接種が進んでから、防疫を緩和する所謂《いわゆる》「ウィズコロナ」を始め、それから致命率（感染者の死亡率）が減少した。しかし、韓国だけが増加傾向にあると分析された。韓国政府が、準備もちゃんとできていない状態でウィズコロナを推進し、韓国だけ、ウィズコロナで致命率が増える「逆走」に繋《つな》がったという診断が出ている。六日、国際統計サイトである「Our World in Data」が米国ジョンズホプキンス大学の新型コロナ関連データを分析した結果を見ると、（※二〇二一年）十二月一日基準で韓国の新型コロナ致命率、すなわち十一月二十一日直前一週間の感染者数、対比、十二月一日直前一週間の死亡者数は一・四六％で、米国、日本、ドイツ、イギリス、シンガポールなど主要国と比べて、最も高かった。

十二月一日は、韓国がウィズコロナを始めてから一カ月目になる日だった。同日、イギリスの致命率は〇・三％で韓国の五分の一の水準だった。シンガポール（〇・三二％）、ドイツ（〇・六％）、日本（〇・九四％）も韓国と大きな差があり、ワクチン接種率が停滞しデルタ変異が拡散した米国も、致命率は〇・九六％で韓国より低かった。全世界平均致命率も一・三一％で、韓国より低かった。

他の国々は韓国より先に防疫を緩和してウィズコロナを始めたが、急激な致命率の上昇は見られなかった。昨年の冬の致命率が三％を上回るほど状況が悪化したイギリスは、七月十九日に防疫緩和を宣言し、それから〇・三％～〇・四％の致命率を維持している。新型コロナ対処の模範国家とされているシンガポールも、八月十日に防疫緩和を始めた後、一時的に致命率が一・五％まで上昇したが、一週間で安定を取り戻し、〇・四％内外の致命率を維持している。専門家たちは、このように世界的に致命率が減少する現象について、「昨年、新型コロナで大きな危機を経験した国々が、時間が経つにつれて医療対応体系を安定させてきたからだ」と評価している。

致命率は、新型コロナに対応する各国の保健医療体系と防疫の水準を最も明らかに示す重要な指標だ。匿名《とくめい》を求めたある疫学専門家は、「致命率は、結局、国家が患者の命をどれだけよく守ったかを示す指標」とし「病床待機患者（※病床不足で入院できない人）や利用できる病床の数などは、政府が細かく公開しないかもしれない。でも、命を失った患者を隠すことができないため、致命率は感染症対応の実態を正確に示す」と説明した。

韓国は十月初めまでは致命率が〇・五％を下回り、世界的にも致命率が低い国家に分類された。しかし、十月十五日頃に〇・五七％の致命率だったものが、十二月初めとなる現在は、一・五％まで上がっている》（『ハンギョレ新聞』／二〇二一年十二月六日）

（※日本の致命率は、一応原文ママですが、当時感染者がものすごく少なかったことを考えると、高く感じられます。推測ですが、一人の死亡者が発生しただけでもデータが大きく跳ね上がったせいだと思われます）

イギリスと同じアストラゼネカワクチンを使用

韓国政府はこのような指摘を否定しましたが、それからも致命率に関する質問とデータの公表が相次ぎ、記事が出てから二週間後の十二月二十日、やっと認めました。同日、『ハンギョレ新聞』は次のように、「政府による事実上の隠蔽《いんぺい》だ」としています。

〈新型コロナ新規感染者及び重症患者が急増、コロナ防疫状況が悪化している中、政府が深刻性を示す指標である「致命率」を一歩遅れて公開、認めた。ただ、重症患者用の病床の現状などはまだまだ具体的に公開してない部分があるため、防疫に対する信頼は下がるばかりだ。政府は、十一月の致命率について、いままでデータを公開せず、「世界の主要国のうち、韓国の致命率だけが悪化した」という各メディアの指摘を否定してきた。それを裏付けるデータを示した報道に対しても、「正確な致命率を把握するためには時間が必要だ」と、返事を先延ばしにしてきた……〉

余談ですが、もう一つチェックすべきは、韓国の高齢者たちと同じくアストラゼネカ社のワクチンを主に使用したイギリスも、ウィズコロナに入った（すなわち、ある程度のワクチン接種を達成した）後には、致命率がそこまで高くなかった点です。韓国では、高齢者のブレークスルー感染（突破感染、ワクチンを接種したのに感染した場合）が他の国より多く発生しています。韓国の高齢者の多くがアストラゼネカワクチンを接種していることから、韓国ではワクチンの性能の問題だとする声も大きくなり、先の水ワクチン議論にはいつもアストラゼネカの名があがっていました。

でも、韓国より安定しているとされるイギリスも、同じワクチンを使ったわけですから、かならずしもワクチンの性能の問題とも言えないでしょう。韓国内で製造したアストラゼネカワクチンの性能に問題があったか、保管または移送の問題か、またはワクチンを打つ現場で何かの規則違反でもあったのか。疑わしいことはいろいろありますが、心証だけです。この手の記事は、他のメディアからも取り上げられ、文政府を支持する人たちと、そうでない人たちの間で大きな論争となりました。

「K防疫は政府ではなく、国民がやったものだ」と責任回避

しかし、責任を取ろうとする人は、誰もいませんでした。入院待機中に亡くなる人が増え、さらに一部のメディアが「政府は彼らを死亡者として統計に加えていない」という疑惑を提起するなど、さらに状況が悪化し、「後退はない（ウィズコロナをやめない）」としていた韓国政府は路線を変更、二〇二一年十二月十五日から防疫措置を再び強化しました。しかし、政府はウィズコロナに失敗したと公式には認めなかったし、大統領は何も言わず国務総理が代理発表したので、また一部のメディアから「これが失敗でないとなんだというのか」という指摘が増えました。

特に、当時日本は感染者数も重症化率も致命率も極めて低い状態だったので、韓国では「J防疫」という言葉を使う専門家まで現れました。これは、政府の信頼はもちろんのこと、K防疫は国民の反日（卑日）感情の砦《とりで》でもあったので、文在寅政府としては、二〇二二年三月の次期大統領選挙にも思わしくない現象となります。

そんな中、韓国大統領府が主張したのは、「K防疫は政府ではなく、国民がやったものだ。それを失敗したというのは、国民が失敗したということになる。なぜK防疫に対して

失敗だ、失敗だと言う人がこんなに多いのか」という言論封鎖、及び責任回避でした。二〇二一年十二月十七日のことです。

〈「段階的日常回復（※韓国ではウィズコロナを一般的にこう言います）」中断により、政府の「防疫失敗責任論」が提起されていることに対し、大統領府が「K防疫というのは国民と医療陣がしたものだ」とし、「成功すべきなのに、なぜ何度も失敗だと言うのか」と述べた。朴洙賢《パクスヒョン》大統領府国民疎通首席は一七日午後、CPBC（※カトリック系列の放送）に出演し、関連質問を受け、「K防疫といえば国民がしたことであり、政府が何をしたと自画自賛するのか、という話があるが、まさにそのとおりだ」としながら、そう述べた。

朴首席は「（政府が防疫に失敗したというのは）国民の献身と医療陣の犠牲が失敗したと言いたいのか？」とも述べた。K防疫の成功が国民と医療陣の犠牲から始まったとすれば、逆にK防疫が失敗したという言葉は、国民と医療陣の犠牲が失敗したという意味にもなる、という論理だ。朴首席は引き続き「失敗は終了の意味だが、私たちはいま、終了ではなく再整備をしてより完全な日常回復に進むために努力する過程にある」とし、「こうした国家危機の中で、誰もが自分のいる場所で本当に献身の努力を行っている。ギ・モラン防疫企画官も同じだ（※最近叩かれている防疫責任者の一人です）」と話した。

朴首席は、野党攻勢に対しては「まるで、このような状況が来るのを待っていたかのように、『やっと失敗した』というのは、国民のための態度ではない」とし、「このように困難な国家の災難があるときには、与・野の区別も、保守と進歩（左派）の区別もなくすべきだ。力を合わせて国難を克服し、政府が間違ったことに対しては問題を提起して批判しなければならない」と話した〉

（『朝鮮日報』／二〇二一年十二月十八日）

十一月一日から施行する「緩和政策」の決定は四日前

それでは、もう少し本書のメインテーマとしての側面を掘り出してみます。「日本人でごめんなさい」と公開的に言えるほど、日本を見下す論拠になっていた、K防疫。日本は劣っているという記事が地上波や全国紙に無数に載っても、誰一人反論できなかった、圧倒的な同調圧力を見せ、そのまま政府の支持率としても機能していたK防疫。しかし、そのK防疫が急に崩れた一因も、そこにありました。まず、韓国がウィズコロナに入った時期です。

　K防疫は、感染被害においてもワクチン接種率においても、常に日本と比較してきました。日本が二〇二一年九月末を以《もっ》て緊急事態宣言を解除し、十月末までは段階的に緩和していくという方針を発表した直後、韓国でも段階的日常回復（ウィズコロナ）に関する議論が急激に高まり、韓国政府は十月中旬から営業時間制限の緩和など、予想よりも大幅な緩和を次々と発表・施行し、ついに、ほぼすべての制限措置を解除するウィズコロナを、二〇二一年十一月一日から施行すると発表しました。

　詳しく政府内でいつから議論が始まったかまでは分かりませんが、この件、関連報道などが出てくるようになったのが、十月二十七日からです。しかも、韓国政府がウィズコロナにおいてどんな防疫政策を取るのか、その最終案が公開されたのは、なんと十月二十九日です。関連記事を一つ、引用します。以下、「イーデイリー」の記事です。

〈金富謙《キムブギョム》国務総理は十月二十七日、ソウル光化門政府ソウル庁舎で開かれた日常回復支援委員会で、「段階的日常回復履行計画の最終案は金曜日の二十九日中に確定した後、国民の皆さんに詳細に報告する」と述べた。金総理は「早急な日常回復を望む期待感がこれまで以上に大きいのは事実だが、防疫緩和を心配する声も少なくないことを留意しなければならない」とし、「国民的期待と懸念まで念頭に置いて、これまで分科委員会などで議論された結果を基に、最大限のバランスの取れた代案を導きだしたい」と伝えた。K防疫のサクセス・ストーリーがK－回復につながるように、もう一度力を集めてくれることを強く要請すると強調した〉

（「イーデイリー」／十月二十七日）

十一月一日から始めるわけだから、十月二十七日に最終案を発表したとしても遅いのに、二十九日に決めると言っています。ちなみに、二十七日の本記事に書いてあることの中には、最終案には反映されなかったものもあります。最終的には、さらに大幅な緩和が行われました。最終案については、『中央日報』など大手は十月三十日に報じていますが、メディアによっては、十一月一日にウィズコロナが施行された後に「ウィズコロナになると、～なことになります」と懸念を報じるところも少なくありませんでした。どう考えても、無理をして急ぎすぎたのではないでしょうか。

日本を意識しすぎて国民の生命を軽視した結果

邪推と言われればそれまでですが、私には、どうしても「日本を意識しすぎて、急ぎすぎたのではないか」、そう思えて仕方がありません。普通、十一月一日からやるなら、いくらなんでも十月二週、三週目あたりには発表がないと、準備など、当局だけでなく民間側の準備も、ちゃんとできないでしょう。日本の場合、混乱がなかったわけではありませんが、九月辺りから、緊急事態宣言解除及び十月三週目あたりまで段階的に防疫措置を緩和していく、とちゃんと発表がありました。

五千万人が「K防疫は日本よりすごい」で快感を覚えたとして、それで何かがよくなったのかは、誰も何とも言えません。二〇〇二年、ワールドカップでベスト・フォーに進出したときも、もう韓国は世界四大強国になる、（応援などで）楽しく騒ぐ韓国のフン（興）の文化こそ世界を平和にする、そんな話で子供から大人まで盛り上がりましたが、残念ながら当時の子供、いまは二割がニートです。興の文化って、もう十五年以上聞いたこともありません。でも、死者は確実に増えました。単に日本と比べたいからという理由で亡くなった人たちがいる。入院もできず、治療も受けられず。ほんとうに度し難い話です。

次に指摘したいのは、さらに「卑日らしい」側面です。人が誰かを見下すのは、自分に自信がないからです。これは、本書の最後あたりにもう少しまとめたいと思いますが、人は、自分が望んでいる姿を手に入れるため、嘘をつくことがあります。そして、いつかその嘘に縛られ、「それは嘘だ」と気づくことがなかなかできなくなります。

K防疫が崩れ、やっと一部の専門家たちが、黙っていた「反論」の機会を得ることができました。私がチェックした記事だけですが、最初にこの件を言い出したのは慶北《キョンブク》大学のイ・ドクヒ教授です。

〈イ・ドクヒ慶北大学予防医学科教授は、（※日本の防疫状態が優秀なことで数々の「陰謀説」が流行《はや》っていることに関して）そんな説が流行ること自体が、「K防疫が日本の防疫よりも優れていると信じたいから、信じたいように言っているだけ」と批判した。それとともに、イ教授は続いて、「日本がデータを操作しているという説は、新型コロナの流行初期から、韓国社会を支配してきた」とし、「そんなものに支配されていたせいで、誰も何も言えなかった。二〇二〇年三月あたりから見られた、奇妙な現象、ＰＣＲ検査数も増やさず、韓国からするとまるで状況を放置しているように見える日本で、なぜ新型コロナによる死亡者が爆発的に増えなかったのか。誰も、その現象について疑問を提起できなかったのだ」と主張した……〉（『中央日報』／二〇二一年十一月二十五日）

「日本がワクチン接種を終えるには百二十六年かかる」と嘲笑

残念なことに、大手新聞ではそう多くありませんでしたが、ローカルメディアなどでは、さらに積極的に声を出す人たちが現れました。中でも特に興味深かったものを、二つ、紹介します。専門家のものだけに絞りました。

まず、檀国《タングク》大学校寄生虫学（parasitology）ソ・ミン教授の寄稿文です。他の記事ではなかなか出てこない、日本政府の悩みに関する部分もあって、ちょっと長めに引用しました。ちなみに、新聞社名の「嶺南《ヨンナム》」とは、慶尚北道《キョンサンブクト》・慶尚南道《キョンサンナムド》地域の古い地名です。

〈他の国の一時的な状況悪化について、「対失敗」とか「完敗」と偉そうに結論を出し、他の国の防疫政策の背後にどのような悩みと計算があるのかは考えようともせず、表面的な観察だけで、「K-防疫が世界最高」という自慢に陥っていたことを、私たちはいま、振り返ってみる必要があろう。現政権は去る二年間、耳にタコができるほどK防疫を広報した。「K防疫が世界の標準になるだろう」という主張は、いまからすると、笑うしかない。それでも、これまでは「慰め」のネタがあった。日本より私たちの防疫が素晴らしい、とすればよかった。「二度と日本に負けない」と言い切った大統領の誓い（※日本の対韓輸出管理厳格化に対しての大統領の対国民メッセージです）もあったが、歴史問題で日本には負けたくないというのが、私たちの国民感情ではないか。幸いなことに、感染者の数などで、私たちはいつも日本より少なかった。八月、日本で一日二万人前後の感染者が出た時、韓国のメディアは「統制不能」「都市封鎖検討」「医療崩壊」などの言葉を使って、日本の状況を嘲笑《ちょうしょう》した。

さらに、ワクチン接種率も日本は私たちより遅れていた。今年（二〇二一年）四月には、こんな題の記事もあった。「東京オリンピック、一〇〇日を控え、ワクチン接種率一％にもならない」。彼らは、理解できなかったのだ。日本は私たちよりずっと先に全国民が接種できる分の、それ以上のワクチンを手に入れた国だ。なのに、なぜあんなにも接種率が低いのだろうか、インターネットではなく郵便で接種申請をしなければならない遅い行政が問題だとか、当時の韓国メディアはそう分析するだけだった。あるマスコミは、「このまま行けば、日本がワクチン接種を終えるには百二十六年かかる」という題名で日本の遅い接種を嘲笑《あざ》った。果たして、そういうものが理由だったのだろうか。いや、事情は全く違うものだった。

他の国々のように、日本もファイザーとモデルナ、アストラゼネカ（以下AZ）の三種のワクチンを購入した。しかし、その後の歩みは、まったく違った。ほとんどの国が、購入したワクチンを直接接種に活用したのとは異なり、日本はワクチン三種に対して、自国民を対象に、別の臨床試験をまた行った。急いでいたとはいえ、これらのワクチンは、臨床試験を終えた後に発売されたものであり、日本の歩みは非常に異例なものだった。ワクチンを山積みにしておいてなんで接種はしないのかと、マスコミの叱責が続いたが、日本政府は動揺しなかった。

臨床試験が終わった五月二十日、日本はファイザーとモデルナでワクチン接種をすると宣言した。使わなくなったAZは、ワクチンを手に入れられなかった国に分けることにした。韓国のネチズンたちは、接種率が一％にもならない国がワクチンを他国に分けてやるなんて、と嘲笑するだけだった。それから五カ月が過ぎた頃、私たちのメディアは、次のような記事を書くようになった。「日本で最近新型コロナ感染者が急減している」。私たちマスコミはこれを「ミステリー」と呼び、わざとコロナ検査数を減らしたためではないかという分析を出した。しかし、実際に感染者が多いのに検査数だけを減らすと、陽性率が上がるのが普通だ。ところが、日本の陽性判定率は確診者の減少とともに減少しているので、これは理由にはならない。反日感情にとらわれたネット世論は、「日本が感染者数を操作している」と言う。しかし、一日に二万人だったときにはその数字を素直に信じて、減少したとたん操作だと言うのは、いくらなんでも露骨すぎではないか。それよりは、日本がファイザーとモデルナだけで、それも接種間隔をちゃんと守ってワクチン接種をしたおかげだと考えるのが、はるかに「分析」になるのではないだろうか。

日本は、コロナ死亡者が0人の日も多い。「もう二度と日本に負けない」とした文在寅大統領の言葉は、少なくともコロナ防疫では外れた。いまからでも、現政府はK防疫が虚像だったことを認め、謝罪してほしい。謝罪しないのが現政権の特徴ではあるが、国民の生命と直結する防疫を台無しにしておいて、悪いことをしたとも思わないのは、あんまりではないか〉

（『嶺南ヨンナム日報』／二〇二一年十二月十四日）

専門家主導で防疫政策を行う日本、非専門家が決める韓国

次は、韓国の政府機関「食品医薬品安全処（食品・医薬品体系の安全な構築、運営を担当する国家行政機関）」審査委員出身のカン・ユンヒ氏の寄稿文、医学専門メディア「メディカルタイムズ」（二〇二一年十二月十三日）です。日本は専門家が、韓国は非専門家が決めるという内容です。

〈ワクチン接種率が十五％程度の状態で、日本は見事にオリンピックを開催できた。正直なところ、私はその頃から感じていた。「日本が、私たちより上手にやっている」。なぜなら、韓国の3Tなど防疫戦略では、オリンピックはおろか、宴会もできそうになかったからだ。韓国と日本の違いはどこから来たのだろうか。防疫政策を決定する主体が、日本と韓国とでは、違うからだ。韓国は、政府という行政組織が防疫政策を決定する。ところが、その韓国政府に、防疫専門家はほとんどいない。食薬処で働いてみて、嫌になるほど分かった。医薬品の安全を担当しなければならない組織なのに、医薬品の安全に関する専門家は一人もいなかった。一人の専門家でもいれば、その専門家が他の専門家を育てることで、

成長することもできるだろう。しかし、食薬処にはその「一人の専門家」さえも、いなかった。医薬品の安全において一歩も進展がない。そんな食薬処に、コロナワクチン安全性管理などできるはずもない。

それでも、新型コロナ初期の防疫では、外部の専門家で構成された「中央臨床委員会」という専門家グループがあった。中央臨床委員会が、一〜二カ月ごとに、科学的な根拠に基づいてブリーフィングをしてくれたので、国民も安心感を得ることができた。しかし、二〇二〇年六月頃、中央臨床委員会が、「コロナ感染がすでに地域社会に広がっているので、コロナの終息は難しく、コロナと共存する防疫政策に切り替えなければならない」という意見を提示した（※これは、K防疫の定義となる「3T」戦略とは全面的に衝突する内容になります）。すると、突然、予定された中央臨床委員会の説明会がドタキャンされ、それから、中央臨床委員会の声は消えた。

つまり、韓国の防疫政策は、専門家グループの意見を無視したまま、政治的に行われた。政府ブリーフィングからは専門家グループの意見が消え、「いわゆる専門家」と呼ばれる数人の医師が目立つようになった。ある俳優が有名になると、どこのテレビCMにもその人しか出てこなくなったりするが、まさしく、その少数の「個人専門家」とやらがそんな感じだった。新型コロナに関して、朝のテレビ番組に出演し、夕方には別の番組に出てくる。日本の場合、いつもそうだが、コロナワクチンの安全性についても監視し、自らのデータに基づいて、十月十四日、モデルナワクチンを三十歳未満には接種しない措置を取った。一方、韓国は十一月十七日に初めてモデルナワクチン接種年齢を制限したものの、案の定、我が国は能動的な監視などしていなかったので、自らのデータベースによる措置でもなかったし、他の国々がそうするから私たちもそのままやる、という措置にすぎなかった。

韓国と日本の昨今の状況を見ていると、リーダーの重要性を悟る。専門家グループの意見を無視したまま、結局は自らもバテて、国民もバテて、結果も惨敗した防疫政策を進めてきた韓国政府のリーダーとは、能力の問題だろうか、それとも性格に何か問題でもあるのか。政府はいまからでも、中央臨床委員会を再召喚し、専門家主導の防疫政策を取らなければならないだろう。それだけが、国民からの信頼を回復できる唯一の道だ〉

K防疫は、「個人情報」を白日の下に曝《さら》した

専門家委員会の助言が無条件で正しいかどうかまでは言えませんが、ソース記事の筆者

は、「もぐらたたき」ゲームに喩《たと》え、「韓国の防疫は、穴の中に大人しくしているモグラまですべて叩きだすというものだった」としています。そして、それに反する意見を出した専門家委員会は、それがK防疫の方向性と違うという理由で潰され、結果的には誰もが疲れ果てることになってしまった、と。

専門家たちの「噴怒」は、K防疫が持つ致命的な問題でもある、人権問題、プライバシー侵害問題にも及びました。この件については、日本関西外国語大学のチャン・ブスン教授が、韓国メディアのインタビューに応じたり、寄稿文を書いたり、積極的に指摘しています。

二〇二二年一月、韓国では、多数の著者がK防疫の問題点を指摘した『K防疫はない』という本が発売され、賛否両論を呼びましたが、チャン教授はその本の共同著者の一人です。教授は決してK防疫を全否定するわけではありませんが、様々な側面で「ここは反省すべきなのに、なぜ誰も何も言わないのか」を指摘しています。本書では、主にプライバシー関連の部分を紹介します。

〈K防疫は日本と違って、人権に関する配慮に欠けている。K防疫の成果を肯定的に評価する研究者さえも、これではK防疫が他の国に導入されることはないだろうとの見解を示す理由だ。K防疫には、人権を害する属性がある。K防疫は、防疫という名分の下《もと》、個人の移動経路、すなわち動線をはじめ、数多くの個人情報を公衆に公表してきた。さらに、スマートフォンなどの機器を通じて個人の位置を追跡し、隔離と監視のために活用した。それだけでない。個人の病院診療記録、クレジットカード使用情報、防犯カメラ映像、GPS情報などが、確診者を追跡するという目的のために、活用された。人を追跡するために、個人識別が可能な電子情報をこのように広く使用する防疫は、韓国以外には、他に例がない。さらに、政府の隔離命令や入院命令を履行しない人は、罰金刑はもちろん、懲役刑にまで処罰できる法律が作られ、実際に多くの人が、隔離命令不履行により処罰された。

日本では、このような個人情報追跡システムの導入は、そもそも関心を集めることすらできなかった。個人情報保護を重視する日本の文化風土では、個人の位置情報まで政府が大量に保存するなんて、想像もできない。日本は、自宅に隔離中の人だとしても、防疫担当公務員がその感染者に電話をかけて隔離規則の遵守を確認することはできても、（※韓国のように）担当公務員が隔離中の市民の家に、昼も夜もお構いなしに訪れることはない。そもそもそんな制度の議論すらなかった。

韓国では、K防疫に対する自負心に浮かれてしまい、個人の権利に対する尊重をおろそかにしているのではないか、振り返ってみなければならない。日本やヨーロッパ、北米の産業国家が、韓国に比べて技術がなく、経済力が不足していて、韓国のような追跡技術や市民の日常を傷つける方式の隔離政策を導入できないと考えているなら、それは傲慢な錯覚だ。

「K防疫は世界最高」などの自画自賛に没頭するより、新型コロナ禍の対応過程で他の国の指導者たちと専門家たちが直面した悩みを正しく理解し、そこから事実的な教訓を得ようとする態度が、より望ましいであろう〉（「週刊朝鮮」／ネット公開十二月十七日）

「日本の防疫を褒めると、韓国では親日派にされてしまう」

他に、ネットメディア「メディア今日《オヌル》」では、チャン教授は「日本の防疫を褒めると、韓国では親日派にされてしまう」と話しています。この部分も、教授の発言だけ引用してみます。

〈日本の防疫が良い結果を残したこと、大量検査は有効ではないこと、K防疫の基本権侵害が深刻であること、これらの意見は、多数の専門家が認める事実だ。しかし、このような話をすれば、「親日派」と言われてしまうから、もう驚くしかない。誰も何も言えなくなってしまった理由である。

「K-防疫は世界最高」という「神話」を否定すれば、民族に反逆した者としてレッテルを貼られる現象は、実に問題だ。K防疫が全て失敗したと主張するわけではない。うまくやった部分もある。しかし、最近の状況は深刻だ。危機に直面したからこそ、K防疫状況を振り返る必要があると言いたいのだ（※ソース記事の時点で、韓国は防疫措置を強化して新規感染者はピークを過ぎていましたが、まだ一日に四十～五十人の死亡者が発生するなど、まだまだ危機的状況にありました）。

英米では、もはやK防疫を肯定的に評価する論文は出てこない。感染者追跡を理由に病院診療記録、クレジットカード使用記録、CCTVとGPS情報まで活用するK防疫が世界中で歓呼されるなど、想像もできないことだ。二〇二〇年下半期、ドイツで韓国式感染者追跡システムを導入しようとする動きがあったが、政治家と市民団体によって阻止された〉（「メディア今日」／二〇二一年一月九日）

この話になるといつも思い出すのが、二〇二〇年、当時ソウル市長だった朴元淳《パクウォンスン》氏の発言です。当時、韓国の梨泰院《イテウォン》という繁華街のいくつかのナイトクラブで、クラスターが発生しました。

パク市長はその際、クラブ訪問者の中で連絡が届かない人が多いとし、「梨泰院クラブに行ったり、その周辺にいた人に対し、警察庁と協力、強力な追跡措置に乗り出す」「クレジットカード使用内訳、CCTV、基地局情報（携帯電話使用記録など）を使用して、その時間にその周辺にいた人の自宅まで、警察と一緒に訪問する」と公言しました（各発言、「ニューシース」／二〇二〇年五月十一日の記事よりまとめました）。

いくらなんでも、市長が「警察とともに自宅まで行く」とか言いますか、普通。彼も人権弁護士出身ですが、人権に関する配慮はありませんでした。

「日本は感染者数を操作している」という陰謀論がまかり通る

このように、一部の韓国内部、及び外国の韓国人も含めて、K防疫は多くの問題を指摘されました。しかし、それでもこれを受け入れる韓国人はそう多くありませんでした。各世論調査で政府の防疫政策に対する支持率は常に高く、重症患者・死亡者が大量に発生、入院待機中に死亡する人が相次いだ二〇二一年十二月初頭でも、四十％を割ったことは一度もありません。

さらに、専門家が問題点を指摘すればするほど、韓国では「日本は新型コロナ感染者数で嘘をついている」とする主張が広がりました。一時は、日本が何かの「陰謀」で統計を操作しているというデタラメな主張に同調するマスコミも結構ありました。しかし、一部の専門家や日本特派員たちから「それは違う」とする情報が入り、さすがに日本陰謀論関連の記事は十一月あたりには下火になっていました。

しかし、どうやら韓国社会は、「卑日」のための大事な「点」を、失いたくなかったようです。K防疫の問題より、日本の捏造《ねつぞう》を指摘することは止《や》まず、その論拠は「誰もが知っている」や「常識的に」でした。

記事を一つ引用します。『ヘラルド経済』十二月九日、日本は不思議なほど新規感染者も重症患者も減少し、韓国は医療崩壊が頂点に達していて、一部のマスコミや病院関係者が「先に重症者用病床を使っている誰かが死なないと、重症者でも入院できない」と嘆いていた頃の記事です。

〈新型コロナ禍が悪化している中、新型コロナに関する「偽ニュース」が無差別に広がっている。偽ニュースは、深刻な現在の状況を認知できないようにし、証明されていない不安感によってワクチン接種を妨害するなど、防疫に大きな障害物となっている。九日、『ヘラルド経済』の取材を総合すると、新型コロナに関連する様々な偽ニュースの中でも特に代表的なものが、「日本が感染者の数を故意に隠している」という話だ。このような主張は現在、韓国政府の防疫体系を好評価し、政府を支持する人たちを中心に、大きな反響を呼び、急速に広がりつつある。二十代就職準備生のキム・ジョンファン氏は、「日本が嘘をついているということは、誰もが知っている事実ではないか」「世界が認めた韓国政府の防疫より、日本の感染者のほうが低いなんて、常識的に話にならないじゃないか」と話した。四十代の公務員パク・某氏は、「他の国とは違い、韓国政府だけが、すべてを透明に公開している。事実上、韓国が最も安全地帯だ」「日本は、何かのトリックで感染者数を減らしているに違いない」と話した。

しかし、これらは、信憑性が低い。チョン・ウンミ梨花大学木洞病院呼吸器内科教授は、

「日本の場合、八月以降、三カ月間という短い期間にワクチン接種を完了し、韓国より強化された移動制限で防疫の手綱《たづな》を握ったことが有効だった」とし、「韓国の場合、初期のワクチン需給が不安定で、ワクチン接種が長くかかり、決定的な時期にウィズコロナに切り替え、いまのような結果をもたらした」と説明した。

このような偽ニュースの被害者は、結局、国民であると専門家は警告する。ユ・ヒョンジェ西江大学コミュニケーション学部教授は、「人々が不安がっているときに、偽ニュースは急激に増え、集団的に必要以上の恐怖が生じる」とし、「その影響でパニック状態になれば、政府はおろか、すべての人々が被害をうけることになる」と指摘した〉

そもそも、十二月時点なら、日本も韓国もワクチン接種が八割前後になっていたので、感染者よりは重症者・死亡者、そしてワクチン接種者の中に重症者・死亡者がどれだけ出ているのか、そんなデータのほうがずっと大事な時点でした。実際、韓国でも感染者数だけ強調する傾向がありましたが、医療崩壊など実害を起こしているのは重症者の急増であり、死亡者も一日に数十人ずつ発生していました。一月末になってやっと重症者・死亡者の数が落ち着いてきましたが、二月になってから韓国もオミクロンが優勢株（感染者の五割以上）となり、感染者の数が急増することになりました。本書を書いている時点から考えると、韓国のオミクロン波はこれから始まりです。

なぜ韓国人は「ウイルス」ではなく「日本」と戦うのか

二〇二一年十二月十五日から、韓国政府による防疫措置が再開され、事実上、K防疫のウィズコロナという「次の段階」への移行は失敗に終わりました。二〇二二年になってから新規感染者は減少し、一月には重症患者数も八百人台に減少し（どうやら、韓国にとっては千人が限界のようです）、相応の落ち着きを見せました。それでも、一月になってからも、毎日、四十～五十人の死亡者が発生しました。

しかし、逆に一月から、私は韓国側の新型コロナ報道に強い疑問を抱くことになります。それまでは、重症患者や死亡者に関する報道が、新規感染者より優先されました。もちろん、新規感染者の数も重要な数値ですし、最も基本的に報じられましたが、それよりは重症患者の数がどうなったのか、入院できないでいる人はどれぐらいいるのか、死亡はどれだけ増えたのか、そんなものが、主なテーマでした。ですが、一月になってから、重症患者に関しても記事は減りましたが、なにより「死亡者」に関する話題がまったく出なくなりました。個人的に「あ、これさすがにおかしい」と思ったのが、一月七日0時基準データ（六日の分）と、一月八日0時基準データです。

八日0時データが発表された、八日午前九時半頃から、韓国各紙は「重症者数、三日連続で八百人台」という記事を載せました。千人を超えていた重症患者が、減少しつつあるという内容です。中には、防疫当局関係者たちも少しは安心する姿を見せた、とかそういう内容のものもありました。

しかし、疾病管理庁のデータから少し調べてみると、七日0時基準では「重症患者八百三十九人、死亡者四十五人」となっていて、八日0時基準では「重症患者八百三十八人、死亡者五十四人」となっています。二日間で九十九人なら、人口比で考えると、日本でいう「二日間で、死亡者二百五十人」になります。決して無視していい数字ではありません。

重症患者の中には、回復する人もいますので単純計算はできないでしょうけど、それでも、重症患者八百三十九人から死亡者が五十四人も発生したのに、翌日に重症患者が八百三十八人って、これはどう考えても新規発生した重症患者が多いということでしょう。死亡者が数十人も発生していること自体、まだまだ危機感を持つべき事態ですが、こんな状態で重症患者が減ったと喜んでいいものでしょうか。

でも、記事を読んでみると、記事に死亡者数は載っているものの、その部分に注目する内容は、少なくとも私が読んだ記事の中には、ありませんでした。関連記事のコメント欄にも。

この時期、ちなみに韓国では、一月になってからも毎日四十～五十人の死亡者が発生しました。該当週となる一月三日（月曜）0時基準データから一月九日（日曜）0時基準データまで、三百四十三人の死亡者が発生しました。そんな中、日本でオミクロン株による新規感染者が増えると、『京郷新聞』が「成功したと言ってたのに、日本感染者爆増」、『マネートゥデー』が「K防疫をあざ笑っていた日本、感染者爆増」、『韓国日報』が「崩れる日本の防疫」などの記事を載せました（全て一月十日）。繰り返しになりますが、六波において日本のダメージは五波ほどではなかったし、それから二月、韓国もオミクロン波で感染者が急増します。

結局、K防疫について何かを調べれば調べるほど、結論はこうなります。「この人たちは、なぜウィルスと戦わずに日本と戦っているのだろう」。いつどんな記事を読んでも、いつも同じ結論になります。

韓国政府自ら「K防疫」の失敗を認めたようなもの

最後に、「実は、K防疫そのものが、もう『ない』です」と密かに（？）お伝えして、防疫関連は終わりにしたいと思います。韓国政府自ら定義を作ったという話はもう致しましたが、その定義に値《あたい》する部分が、何も残っていないからです。K防疫の定義、「3T」がどうなったか、見てみましょう。この部分は、新型コロナ初期、「韓国の防疫を見習うべきだ」と主張していた日本の「専門家及び専門家を名乗る方々」に、ぜひ読んでもらいたい部分でもあります。

Testの場合、K防疫の初期には、「検査数をできる限り増やすべきだ」とする主張が絶対善のようになっていました。特に、車に乗ったまま検査できるドライブスルー方式の場合、日本でも導入主張が結構あったと聞きます。しかし、専用の道路もなしに既存道路の一部を使っていたせいで慢性的な交通渋滞が発生、しかも割り込みなどのルール違反、近所迷惑なども重なり、ドライブスルーは次々と閉鎖、二〇二一年十二月十六日時点で、ソウル一カ所だけが残っており、ここもいずれ閉鎖する予定です（同日KBS）。

PCR検査も、二〇二二年一月七日、症状がはっきりしない人は自己検査キットを先に使ってからPCR検査を受けるようにするなど、事実上、「検査数を減らす」路線変更が発表されました。重症患者の増加により、さすがに検査・管理できる余力もなくなったからです。

Traceの場合、韓国では感染者の「防疫網内管理」といい、感染者の感染経路を徹底的に追跡し、その動線上にある人たち全員を（医療施設などに）隔離し、検査結果を待ち、もし陽性だったら防疫当局の手が届く範囲内で管理すること、となっています。日本で言う「感染経路不明」と趣旨は同じものだと言えるでしょう。しかし、その過程で人の個人情報などを無差別に確保、処罰規定付きなど、様々な副作用もありました。この強力なTraceは、PCR検査を全員に行うことが前提になっているので、こちらも事実上の路線変更となります。

Treatmentも、二〇二一年十一月、「入院が必要な人以外は、本人の意思に関係なく在宅治療（在宅療養）とする」と路線変更となりました。余計、入院患者を増やし、新型コロナ以外の患者の入院・治療にも影響を及ぼしてしまったからです。

いわば、二〇二二年一月時点で、すでにK防疫というものは存在しません。名前だけ残って、すでに別のものになっています。これらの点を総合すると、韓国政府自らK防疫の失敗を認めたようなものですが、誰もそのことには触れません。政府が「K防疫が失敗したと言ってはならない」としているのは、実は失敗したという自覚があるから、かもしれません。

肯定的な見方ではありますが、日本の場合、このまま（いま二〇二二年二月です）新規感染者が増えても重症患者・死亡者が管理できる水準でとどまるなら、あと一回、二回の波さえ乗り越えれば、日本は本当の意味でのウィズコロナ時代に突入できるかもしれません。新型コロナが「風邪」のようになってから振り返ってみると、日本は先進国の中でも、指折りの好記録を残したことになるでしょう。必要以上に肯定的にならず、悲観的にもならず、自分のできることをやりながら、状況の一部、一員として、推移を見守りたいと思います。

第三章　歴代級の「非好感」韓国大統領選挙

与党「共に民主党」の李在明《イジェミョン》氏のヤバイ日本観

ここからは、韓国の次期大統領選挙がどういう状況になっているのかを紹介したいと思います。まず、結論から申し上げますと、私は、与党「共に民主党」の李在明《イジェミョン》氏の当選可能性が高いと思っています。ただ、前著となる『文在寅政権最後の暴走』頃に比べると、李候補の当選可能性はずいぶんと低くなっており、言い切ることはできません。なぜそう思っているのか、韓国大統領選挙の現状をお伝えします。

まず、韓国大統領選挙の有力候補二人の「日本観」について、です。日本語で本を書いている者として、やはりこれを最初にすべきでありましょう。「共に民主党」の、李在明候補。李候補は、「日本は事実上の敵性国家」など、反日発言が多い人で有名です。つい最近も、「日本は本当に友邦（友好国）なのか」などと話し、外交関連顧問であるウイ・ソンラク氏が「共同通信」とのインタビューで「李候補はまったく反日的な考えを持っていない」と、わざわざ火消しに走ったりしました（二〇二一年十二月十七日）。

そう、意地悪な書き方ですが、わざわざ反日ではないと言わないといけないぐらいですから、確定でいいでしょう。李候補は明らかな反日主義者で、同時に、反米発言もかなり目立ちます。いわば、文在寅氏以上に、絵に描いたような韓国左派思想家です。
しかし、少なくとも国内では、隠そうとしません。いろいろあり過ぎてチョイスに困るところですが、本書の副テーマの一つ「朝鮮戦争の終戦宣言」に合わせ、朝鮮半島、特に統一論についての、李候補の考えを紹介します。まず、二〇二一年十一月二十五日、外国メディア記者招待討論会での発言です。

〈李在明候補は外信記者たちに、自分を「実用主義者である」と紹介し、「城南《ソンナム》市長と京《キョン》畿《ギ》道《ド》知事を歴任しながら、主権者である国民の生活を変えようと努力した。国民の生活を改善できるなら、保守や進歩、右派や左派などという区分にとらわれる必要などないと思う」と明らかにした。「いままで日本に対する強硬発言が多かったことで、『李候補が大統領になると、韓日関係がより困難になる』という懸念もある」とする日本の「共同通信」記者の質問に対し、李候補は、「韓日関係を再確立し、実用的なアプローチを通じて未来志向的な関係を構築していく」と答えた。朝鮮半島出身労働者問題に関しては、「韓国と日本は地理的に近く、文化的交流も非常に多かった」とし、「だが、日本が韓国を侵攻して長い間、韓国民衆に害を及ぼした歴史がある。国家と国家間の関係でも、間違いをちゃんと認め、妥当な補償をすることが、今後より良い関係のために望ましい」と慎重に答えた。『産経新聞』の記者が、日本との安保協力について尋ねると、李候補は「とにかく、日本は韓国を侵攻して数十年間支配して奪い続けた前歴がある」とし、「いまも日本は『普通の国』化を名分に、軍事大国化を夢見ているではないか。韓国が実効的に支配している独《ド》島《ト》（※竹島のこと）に対しても、自分の領土だと無茶を言いながら、絶えず挑発しているではないか。過去の歴史についても、明確に過ちを認めたり、本気で反省する姿を見せていないではないか。いろいろ、ただただ憂慮するばかりだ」と、本音を隠さなかった。また、李候補は、「ある特定の時期には、日本の大陸進出を望む欲望が垣間見えることもある」と指摘した。

『中国人民網』記者が韓中両国協力について尋ねると、李候補は「中国との関係は戦略的パートナーだ」とし、「最近、米中関係の競争局面が激化し、韓国に選択を強要する状況が多く発生している。韓国外交の原則は、国益中心の実用的外交が基調である。片方に振り回されるのではなく、私たちが選べる状況を作っていくのが外交の方向だと思う。国益中心に実用的外交を広げる」と明らかにした〉

（「ニュース1」／同日）

日本は、「大陸進出」のため朝鮮半島を狙っている

もうこれだけでも「あ、この人ヤバい」と思うに十分でしょう。個人的に、「日本の大陸進出」という部分に、皆さん、注目していただけたらと思います。日本は、大陸進出のため、朝鮮半島を狙っているとする世界観。普通に考えると、どこの世界か分からない主張です。どうしても日本が憎いと言うならもっと別の主張もあるだろうに、それ、いったいいつの時代の話だ、と。

ですが、韓国ではこの主張が、大勢の教授に、政治家に、揺るぎない定説として信じられています。多分《たぶん》、豊臣秀吉の朝鮮出兵あたりに、「時間が固定されている」のではないか、そんな気もします。なにせ、こうして与党の大統領候補ともあろう方が、『産経新聞』の記者に対して同じ主張をしたわけですから。もう一般論だとしても問題ないでしょう。

引用部分にはありませんが、他にも李候補は旧朝鮮半島出身労働者への個人賠償問題についても、「すでに裁判結果が出たのでどうしようもない（韓国側のいつもの言い訳で、韓国政府にできることはないから、日本は韓国政府を圧迫するな、という意味になります）」「日本が心からの反省と謝罪をするのが第一歩で、それさえできれば賠償の件はいく

つか選択肢があるかもしれない」などと話しました。

裁判結果が出ているからどうしようもないと言った直後に、謝ればなんとかしてやる、と言う。これはこれで、「情（私的関係）が法より上にある」、実に韓国社会的な発言でもあります。その情もまた、いつ掌《てのひら》を返されるか分かったもんじゃないですが。

そして、その大陸進出のために日本が用意した「引継鉄線」、それこそが、竹島問題である。このような竹島論も、「日本の大陸進出」という主張には、かならずセットで付いてきます。この点においてもまた、李候補も例外ではありません。引継鉄線とは、日本では「トリップワイヤー」と言い、罠などを起動するスイッチのようなものを意味します。この場合、大規模の侵略のため、わざと小規模の争いを起こすという意味です。これもまた、ずいぶん前の時代に「固定」された世界観です。

一八七五年、朝鮮で測量作業をしていた日本の軍艦「雲揚号《うんようごう》（韓国で言うウンヨ・ホ）」が、朝鮮軍から攻撃を受ける事件が発生します。いまでも韓国側は雲揚号のことを、最初から攻撃される目的で接近した意図的な行為、すなわちトリップワイヤーの一種だったと主張しています。ただ、測量に手続き上の問題はなく、雲揚号が朝鮮側に抗議しようとする内容も記録に残っており、後に朝鮮側も「日本の船だと知らなかった」「ただの事故だった」と主張しています。日本では「江華島事件《こうかとう》」と言います。
「日本も、実は竹島が韓国の領土だと知っている。でも、わざと問題を起こし、そこで紛争を起こそうとする。昔とまったく同じ手口だ。今度は独島（竹島）が、新しい雲揚号だ！」、そんな流れです。

「独島（※竹島）はいつか日本の〝引継鉄線〟になる可能性がある」

先の記事より前になりますが、もう一つ記事を引用します。李候補もまた、同じ主張を展開しています。あと、韓国側の記事にはたまに「三国同盟」と「三角同盟」をちゃんと区分しない記述が見られますが、日米韓は「三角」になります。なぜなら、日本と韓国がまだ同盟を組んでいないからです。

〈李在明「共に民主党」大統領候補が、韓米日軍事同盟に反対すると主張し、「独島（※竹島）はいつか日本の引継鉄線になる可能性があると見ている」と話した。日本が過去帝国主義の問題に対して曖昧《あいまい》な立場を取っているという点も批判した。

李候補は十一月十日午前、プレスセンターで行われた寛勳《クァンフン》クラブ（※中堅記者たちの会、寛勳は地名です）の討論会で、「韓米日軍事同盟」の賛否を問う質問に対して、「韓・米・日三角軍事同盟については反対する。私たちはアメリカと軍事同盟を結んでいる。しかし、ここに日本を入れることは非常に慎重に考慮しなければならない」と話した。

李候補は引き続き、「私たちは、独島問題を含む対日関係で何を心配しているのか。日本は完全な友邦国家なのか。なぜ独島に対して日本は問題提起をするのか。すでに韓国領土であることが明らかなのに」とし、「いますぐではないにせよ、いつかは（独島が）日本の引継鉄線になることもあると思う。そんな疑問を持つしかない」と強調した。

李候補は「北朝鮮と直《ただ》ちに対敵しなければならないが、日本問題も、領土問題や過去問題が完全に、本当に永続的に善隣交流共存関係になるならともかく、過去史問題と帝国主義問題に対して日本は依然として曖昧さを維持している。韓・米・日軍事同盟は非常に危険だと思う」と強調した〉

（『ヘラルド経済』／二〇二一年十一月十日）

どことなく、「反」でも「卑」でもなく、ただの被害妄想にしか見えません。これが、李候補の日本観です。彼の反日関連発言は、このように領土問題、外交全般に影響を及ぼしかねないものから、ハプニングで終わったものまで、無数にあります。

二〇二一年十一月二十二日には「産婦人科」は日本が作った言葉だから別の言葉に変えるべきだと主張し、「医療関係で日本語を変えだしたら、それこそ何も残らなくなる。『民主』も日本語だから党名から変えろ」ときつい反撃を食らったりしました（キム・ヘンボム釜山《プサン》大学教授、同二十四日『ニューデイリー紙』とのインタビュー）。

彼の反日ショーは本書の別の部分でも紹介していますが、一応ここまでにして、今度は野党大統領候補、尹錫悦《ユンソクヨル》氏の対日観を見てみましょう。

保守野党「国民の力」大統領候補・尹錫悦《ユンソクヨル》氏

検察総長出身で、国内で法治を、外交では米国、日本との関係を重視する、これまた絵に描いたような保守右派の姿を見せている、保守野党「国民の力」の大統領候補、尹錫悦氏。ちなみに、氏の苗字のカタカナ表記についてたまにブログで質問を受けますが、韓国ではソク-ヨルの発音が「ソギョル」になるので、表記としては「ユン（尹）ソク（錫）ヨル（悦）」になりますが、発音としてはユン・ソギョルになります。SEOGとYEO

Lで書き、SEOGYEOLで読むといったところです。
同じく、発音や読み方の問題で「ユン・ソンニョル」というカタカナ表記も見られますが、別に一つだけ正しいというわけではありません。そもそも韓国は、日本と比べて「外国語を国語に合わせて表記するための基準」にかなりルーズです。尹氏が大統領になったりしてもっと有名になると、いずれカタカタ表記も統一されるでしょう（笑）。

本書ではいつもブログに書いているとおり、ユン・ソクヨルにしました。余談のまた余談ですが、同じく元国務総理の李洛淵《イナクヨン》氏も、イ・ナギョンということになっています。イ・ナギョン氏は『東亜日報』の日本特派員だったので、前からナギョンという表記にしていた、とも聞きます。

ギョルでもニョルでも別にいいので尹錫悦候補ですが、彼は「隠れ反日」です。尹候補について多少の期待をしていた方なら、それはあまりにもひどい書き方ではないか、そう思われるかもしれません。でも、私は率直に、そう思っています。

皆さん、李明博《イミョンバク》大統領の頃の日韓関係を覚えておられますか。彼は、前の左派政権（盧《ノ》武鉉《ムヒョン》政権）のあと、政権交代して生まれた保守政権の大統領です。彼が大統領になったとき、盧武鉉氏の頃に韓国が日米陣営からあまりにも離れてしまったこともあって、日本では「やっと、韓国が元の場に戻ってくれる」という論調がありました。

実際、李明博大統領は壊れた日韓・米韓関係の修復のために努力するというスタンスを見せました。彼は「過去に囚《とら》われず、未来へ進もう」を叫び、日米韓関係の復元のため、日韓GSOMIA（軍事情報包括保護協定）に公式に同意、具体的な協定締結を推進したのも、李明博政権からです。しかし、彼は日韓関係を「具体的にどうするのか」については何のビジョンも提示できませんでした。

そして、二〇一二年八月十日に、勝手に竹島に上陸し、十二日には天皇（現・上皇陛下）に対し、「痛惜の念とか言ってないで、独立運動家の前に跪《ひざまず》いて謝れ」と発言し、日韓関係に致命的なダメージを残しました。

日本の世論が悪化するのは、「嫌」「反」「用」「卑」ではなく「失望」

いまもそうですが、韓国に対して日本の世論が悪化するのは、もちろんいろいろありますが、「嫌」「反」「用」「卑」ではなく、どちらかというと、「がっかり」の繰り返しでした。韓国に相応の期待をしたけど、韓国はその期待に応じてくれなかった。それが、日本で「韓国は価値観を共有できる国ではない」とする考えが広がったもっとも大きな理由です。この現象は、左派政権から政権交代になった李明博氏（後任の朴槿恵《パククネ》氏も同じものでしたが）のとき、かなり強く現れました。

二〇二一年『月刊中央』十月号（九月発売）に載っている記事ですが、「韓中日三カ国協力事務局」前事務総長、道上尚史さんは、最近の日本は、右翼とかそういうものに関係なく、韓国に失望した人が多いとしながら、このように話しています。

〈日本は過去四十年間、韓国を三回「発見」しました。最初は、一九八四年～一九八八年です。一九八四年に日本のNHKで韓国語講座が始まりました。一九八八年オリンピックの影響は、本当に大きかったと思います。それ以前には、韓国は、学生デモや軍事独裁、拷問などの暗い印象ばかりでしたが、この時期に漢江《ハンガン》の奇跡（※韓国の高度経済成長）、文化、スポーツなど様々な姿を知ることになりました。

二回目は、一九九八年～二〇〇二年です。金大中《キムデジュン》大統領の訪日と、日韓ワールドカップ共同開催など、希望を持つようになった時期です。

三回目は、二〇一二年以降、現在までになります。二回目までは、肯定的な発見でしたが、三回目からは、韓国に対する失望が大きく、韓国とは「ソーシャルディスタンス（※原文の時期からして、感染予防のために他人と一定の距離を維持する）」状態です。これは一時的な現象ではなく、構造の変化だと見るべきでしょう。韓国への偏見、優越感から生じたものではありません。韓国をリスペクトしていた人ほど、失望が深いわけです〉

そう、失望。韓国を尊重していた人であればあるほど、失望も大きい。私は、この意見に大いに同意します。

私見、いや「邪推」ですが、尹候補が当選したら、少なくとも日韓関係は李明博政権の再現になるのではないか、そんな気がしてなりません。尹候補は、日本関連で何一つ具体的な方法を提示したことがありません。

二〇二一年六月二十九日、尹候補は「文大統領の『竹槍歌（反日扇動）』のせいで日韓関係がここまで悪化した」としながら、「未来の世代のため日韓は協力しなければならない。慰安婦問題や旧朝鮮半島出身労働者問題、安保協力、貿易問題（※輸出管理厳格化）を全て一気に議題にして、『グランドバーゲン（一括交渉）』方式でアプローチしていく」と話しました。氏の日本外交関連発言は、事実上、これだけです。

尹氏は、具体的なことは何一つ言わなかった李明博氏と酷似

同日の『ハンギョレ新聞』は、「日本が執拗に求めてきた安全保障協力の分野で足並みをそろえる対価として、過去史問題などで多少の譲歩を得ようとする構想だと解釈することができる。しかし、日本政府が示し続けてきた冷淡な姿勢を考えると、日本がグランドバーゲン構想に好意的な反応を示してくれるとは期待できそうにない」としています。

こういう点が、本当に二〇〇七年（就任二〇〇八年）の李明博氏と同じです。政権交代、言い換えれば「前任者がひどすぎたので」相応の期待を集め、何か肯定的なことを言おうとしたけれど、具体的なことは何一つ言わなかった、李明博大統領。彼にそっくりです。

なぜこんなやり方をするのか。文在寅《ムンジェイン》政権の外交を批判し、日米韓協力を強化するとか言っている人が、なぜ具体的な、または根本的なことは何一つ言わず、「全部一気に」「未来のため」ということしか言えないのか。それは、李在明氏が「反日を表す」ことで票を集めようとしていて、尹錫悦氏は「反日を隠す」ことで票を集めようとしているからです。決して、「李在明は反日、だからその対立となる尹錫悦は親日」という構図として受け取ってはなりません。

尹候補は、文在寅政権の「外交政策」を批判するために反日関連の発言を控えているだけで、決して反日そのものを批判したことはありません。というか、韓国でそんな政治家は存在できません。「反・文在寅」勢力の支持を得るため、文大統領と政策的に同調しない姿をアピールしているだけです。

「李候補は反日、尹候補は反日ではない」は誤り

我ながらひどい書き方ですが、何の論拠もなく書いているわけではありません。まず、二〇二一年六月、先の「未来のため、一気に解決する」と言った場所ですが、大統領候補に出馬すると宣言した場所である、尹奉吉《ユンボンギル》記念館です。尹奉吉は、一九三二年、上海の公園で開かれた天皇誕生日記念式に爆弾を投げつけ、民間人を含めた多数の死傷者を出した人物です。韓国では英雄となっており、大きな記念館もあります。尹錫悦氏は、「同じ尹氏だから」を強調していますが、二人の間にこれといった特別な関係があるわけではありません。

尹候補は、伊藤博文初代内閣総理大臣を暗殺した安重根《アンジュングン》の肖像画の前で写真を撮り、そ

れをネットに上げながら「尹奉吉の肖像画の前で写真を撮りました」としたこともあります。多分、顔も知らないのでしょう。そう、反日政策を批判しているものの、反日そのものには、おもねるしかありません。これで、未来のためのグランドバーゲンが出来るのでしょうか。

二〇二一年九月十一日には、元慰安婦イ・ヨンス氏のところを訪れ、「かならず日本の謝罪を受け取る」と指を切って約束しました。ここは記事を一つ引用してみましょう。

〈尹錫悦「国民の力」大統領候補が十一日、慰安婦（※原文では「日本軍慰安婦」）被害者イ・ヨンスさんに会って、「日本の謝罪を必ず引き出し、おばあさんの心の傷を治す」と約束した。尹錫悦候補はこの日午後、大邱《テグ》市中区慰安婦記念館を訪れ、イさんと面談をして、「国際司法裁判所に行って完全な判断を受け、慰安婦問題を解決してくれる人を探している。公約できるのか」とするイさんの質問に、このように答えた。尹錫悦候補はこの日イさんに会って、「もっと早く訪れるべきだったが、ご健康のようでなにより」と挨《あい》拶《さつ》した。尹錫悦氏は、慰安婦問題をかならず解決してほしいというイさんの要請には、「かならず謝罪を引き出す」と指切りして約束した〉

（『毎日新聞』（※日本の毎日新聞ではありません）／同日）

他にも、よりによって日米韓外相会談の直前に韓国警察総長が竹島（韓国で言う独島）に上陸した問題で日本側が強く抗議したときには、浦項《ポハン》を訪れて、竹島に駐屯している韓国の警察隊「独島守備隊」と映像電話で通話するイベントを行いました。十二月一日には天安《チョンアン》の独立記念館で「抗日運動こそが韓国憲法の根幹」と発言したこともあります。

韓国の憲法は、憲法前文で臨時政府の正統性（legitimacy、統治の根拠となるもの）を継承したとしており、韓国という国が抗日組織を母体にしていると明記しています。臨時政府は、韓国が「朝鮮（大韓帝国）の後継となる正式政府」と主張している団体です。すなわち、「朝鮮（大韓帝国）から日韓併合を経て日本（朝鮮総督府）に正統性が渡り、それから大韓民国が誕生した」歴史ではなく、「朝鮮（大韓帝国）から臨時政府に正統性が渡り、それがそのまま大韓民国になった」、併合時代は日本による違法占領だったという歴史を主張しています。もともと大韓民国というものが、臨時政府の国号（国名）でした。

そう、「李在明氏よりはマシではないだろうか」という意見には、十分すぎるほど、一理あります。しかし、「李候補は反日、尹候補は反日ではない」とする意見には、私は反対します。それは、もう一回の「失望」に繋《つな》がるだけでしょう。

かろうじて李候補の勝利を予想する理由

それでは、この二人をめぐる大統領選挙が、いま韓国でどのように展開されているのか。なぜ私が（かろうじて、ではありますが）李候補の勝利を予想しているのかを述べてみます。

まず、二〇二一年夏までは、与党「共に民主党」の李在明氏の支持率が、ダンゼン、トップでした。李候補は、本当は文在寅大統領とさほど仲が良いわけでもありませんが、基本的に文大統領の政策を受け継ぐとして文大統領支持者たちを巻き込み、評判がよくなかった部分には独自の色を出すことで、支持を広げました。

党内のライバルだった李洛淵《イナギョン》元国務総理を支持していた人たちが、一時的に離脱の動きを見せたりもしましたが、李洛淵元総理本人が敗北の後にこれといって不満を表出せず、それから李在明候補の支持は安定しました。

李候補は、とりあえず「庶民の味方」と自分をアピールしています。李候補の特徴は、文大統領よりもさらに強い左派思想です。韓国の左派思想は、表面的には人の人生においての「過程の平等（規則を遵守するなどの公正さ）」を主張しながらも、実は「結果の平等（結果的に公平に分け合う）」を目指します。ここが、どことなく共産主義みたいだと言われる所以《ゆえん》です。

李候補はそこが特に強い人で、「結果を得るまでの過程を、もっと公正にしていく」のではなく、とりあえず「結果となるもの（お金や住宅など）をばら撒く」ことにこだわっています。ライバルとなる保守野党「国民の力」党の大統領候補　尹錫悦氏に対しても、「お金持ちの子で裕福に育った」という点を問題にしています。「それのどこが問題なんだ?」と思われるでしょうけど、韓国では、大金持ち、特にその子という理由だけでも、かなり嫌な目で見られます。李在明氏は幼かった頃、結構貧しかったと聞きます。でも、いまは、左派政治家もほとんどは大金持ちのはずですが、なぜかそんなところはあまり話題になりません。

「庶民の味方」に提起された大規模な不動産開発の不正疑惑

ですが、二〇二一年九月、そんな「庶民の味方」李候補が、大規模な不動産再開発の不正行為に関わったという疑惑が提起されました。どの記事も結構長いので、当時の複数のメディアの報道からまとめてみると、李在明氏が城南《ソンナム》市の市長だった頃、大庄洞《デジャンドン》という地域の再開発事業のために、「城南の庭」という名前のSPC（特殊目的事業法人）が作られました。城南市の都市開発公社が持分の五十％を持ち、他は民間企業が参加するようになっていました。ここまでは自治体が行う再開発事業というだけで、問題ありません。

ですが、そのSPCに参加した「火天大有（持分一％）」と、その会社の所有者Aさんと、Aさんが集めた数人の投資家（持分六％）がどうみても問題でした。以下、おおよその為替レートで恐縮ですが「一円を十ウォン」と換算しますと、火天大有は持分一％なのに、「城南の庭」から開発関連利益金の配当として、約五十五億円以上を受け取りました。Aさんの集めた数人の投資家は、なんと三百五十億円以上。同じ期間、持分五十％の城南都市開発公社が受け取った配当が百八十億円ぐらいです。明らかにおかしいでしょう。

Aさんの出資金は五百万円。火天大有は、参加企業の公募一週間前に設立された会社です。李知事が公職選挙法違反で裁判を受けていた時、最高裁でキャスティングボートをしていた判事も、担当弁護士も就職していたことから、「この会社、本当の所有者は別にいるのではないか（李知事ではないか?）」という疑惑が広がりました。まだ捜査中ですが、重要関係者が二人も自殺するなど、ちゃんと結果が出るとは思えない状態です。この件以来、李在明候補の支持率は大幅に下がりました。

韓国人ならほぼ例外なく、不動産を「世の不公平」の象徴としています。不動産投資に成功した人以外に、韓国で大金持ちになれる方法はないと信じています。ただ、だから不動産を嫌っているのかというとそうではなく、最近は若い世代も「ヨンクル（霊魂まで担保にして借金するという意味）」して、安い不動産を買います。値上がりすると信じて。もちろん、うまく行く人はそういません。そんな中、大規模な不動産再開発不正が明らかになり、その疑惑の中心に与党の大統領候補がいるとなると、それは、支持率が上がるはずがないでしょう。

「朴槿恵《パククネ》大統領を拘束させた手柄で検察総長になれた」尹氏

時は来た、チャンスは来た。右派はウハウハでした。「極端な二分」が多い韓国ですが、その中でも特に二分されているのが政治です。反対給付とでもいいましょうか。その頃から、右派側の支持率が上昇しました。そして、まだ李候補の支持率が回復せずにいた十一月、尹錫悦氏が、最大野党で保守右派となる「国民の力」党の大統領候補に正式に決定されます。競争相手だった洪準杓《ホンジュンピョ》氏が意外と善戦し、その支持層が尹候補支持に回らなかったこともあり、尹候補の支持率が一気に上がったわけではありません。でも、李在明候補の支持率が下がっていた影響もあって、見事支持率一位になりました。

しかし、今度は右派のほうに問題が発生しました。「国民の力」内部の問題です。もともと尹候補は、政治家ではなく検察総長出身なので、党内にこれといった基盤がありません。すなわち大統領候補を決めるための党内選挙を韓国では競選《キョンソン》と言いますが、その競選で尹氏に負けた「国民の力」の洪準杓議員が、一言で言うなら「スネて」しまいました。それから洪議員は尹氏に一切助力せず、党の大統領選挙関連の政策、委員会にも関わらず、フェイスブックなどに「今回の大統領選挙ってダメだよね」「候補がどちらもまともじゃないんだよね」など、イヤミなことを書き込むだけでした。

党の代表である李俊錫《イジュンソク》氏は、最初は尹候補に協力的でしたが、尹候補陣営は、李俊錫代表と明らかに距離を置くスタンスを取りました。李俊錫代表は、まだ政治家としてこれといった実績も能力も示したことはありませんが、一九八五年生まれの若さと、下手に敵を作らないスタンスを取っており、一定の支持を得ていました。よって、党代表と距離を置こうとする尹候補に対しては、常に「国民の力という政党」を支持する人たちから、批判がつきまといました。

また、尹氏は、朴槿恵前大統領が拘束されたとき、検察側の核心メンバーの一人でした。「朴槿恵大統領を拘束させた手柄で検察総長になれた」という声もまた、国民の力支持者たちの間で、聞こえてきました。もちろん、党内に根強く残っている朴前大統領支持者たち、いわゆる「親朴」派も同じです。ただ、十二月までは、なんだかんだで、大きな衝突がなかったので、右派の分裂が表面化することはありませんでした。

左派政策の象徴・曺国《チョグク》氏、右派政策の象徴・尹氏

しかし、二〇二一年十一月中旬あたりから、与党および李在明候補の支持率の下落に危機感を覚えた左派支持者たちが、再び集結、調査機関によっては、李候補と尹候補の支持率がほぼ並ぶようになりました。与党である「共に民主党」の競選で李在明氏に敗れた李洛淵元総理も、党の選挙関連委員会に参加するなど、李候補への支持を鮮明にしたことで、与党支持者たちの集結に一役買うことができました。そして、十二月になって、与党側は「チョ・グク事態のときにやられたとおり、やり返してやる」と言わんばかりの、攻勢に出ました。

曺国《チョグク》氏とは、文在寅大統領の後継者になるはずだった、元法務部長官（法務相）です。盧武鉉大統領の果たせなかった夢で、文在寅大統領の宿願でもある、「検察改革」を主導した人物でもあります。改革と言うとそれっぽいですが、主に北朝鮮関連・市民運動家・高位政治家に対する検察の捜査権限を大幅に減らす方向性のものでした。また、検察改革は「人権を守るため」とか、そういう名分のもとに行われましたが、その面でも進歩は見られていません。

二〇二一年十二月から翌年一月の間、日本の『朝日新聞』『東京新聞』『毎日新聞』三社の韓国人記者たちが、「高位公職者犯罪捜査処」という情報機関によって、通話記録など個人情報を収集されたことが明らかになり、日本の新聞社側が抗議しました。その機関も、検察改革の一環として作られたものです。

そういう経緯もあって、安保・反共（反・北朝鮮）を重視する韓国の保守右派支持者から、曺国氏は「敵の代表」とされ、左派支持者たちはそんな曺国氏を擁護、皮肉なことに、曺国氏は韓国左派政策の象徴のようになりました。冗談半分で、韓国で曺国氏を支持する人は左派支持者、しない人は右派支持者に分類しても問題ないでしょう。

検察改革は、当時検察総長だった尹錫悦氏と特に衝突が多く、同じ理屈で、「曺国の反対は尹錫悦だ」という妙な図式が作られました。すなわち、いつからか尹総長が右派の象徴的な存在になったわけです。政治経験もなく、保守右派においてこれといった功績があるわけでもない尹錫悦氏が、検察総長をやめてからいきなり右派の大統領候補にまでなれたのは、この図式のおかげでもあります。Aの反対はB、「Aが嫌い」は「Bが好き」と同じ、そういう二分法が、韓国社会の基本ですから。

二〇一九年あたりから、曺国氏は、本人に関わる疑惑もあるにはありますが、主に家族、妻や息子・娘の不正が次々と明らかになります。法務部長官として「法」を強調し、韓国社会でもっとも影響力を持つ「公正な世の中」を主張してきた曺国氏に、そのダメージはかなりのものでした。特に、関連書類の偽造など大学入試においての不正に関して、曺国氏の支持基盤だった若い世代の心が、離れていきました。

韓国の場合、高齢層は反共意識が強く、若い世代は相対的に弱い特徴があります。左派政権となる金大中・盧武鉉政府（一九九八年～二〇〇八年）のときから教科書や教育関連行政に、左派側の市民団体の影響力が強くなったからです。保守右派とされる李明博、朴槿恵大統領のときも、各自治体の教育行政の長となる「教育監」など、教育部門だけは、左派の人たちが席巻《せっけん》していました。

どこの国でも政治において若い人たちの支持は大きな原動力になりますが、韓国の場合はこのような事情もあり、左派が若い層の支持を失うと、とてつもなく大きな損失になります。結局、曺国氏は法務部長官を辞任し、政治舞台からいったん降りることになります。これは、左派側にとって大きな損失であり、右派の人たちにとっては、その反対である尹錫悦氏の勝利でもありました。

韓国社会が衝撃を受けた、尹氏の義母と妻への疑惑

ですが、その尹候補に、左派は、曺国氏と同じく「家族攻め」を仕掛けました。公正や法治を掲げていながら、家族の不正で舞台を降りた曺国氏。彼に替わって、検察総長出身として法治と公正を掲げ、彼を倒した保守右派の英雄、尹錫悦氏。しかし、尹候補のお義母さん、崔《チェ》某氏が、韓国各地に多くの不動産を所有していて、しかも税金未納や課徴金などで差し押さえられている不動産だけでも二十三件に及ぶこと。左派側は、この事実を公表しました。

韓国社会は大きな衝撃に包まれました。「これって、尹錫悦も曺国と同じじゃないか！」、と。曺国氏のときもそうでしたが、家族、しかも尹候補の場合、奥さんの結婚前のことまで、こんなに問題が大きくなるのも不自然ですが、そこは「韓国ならでは」でもあります。どことなく、連座制社会っぽいところがありますから。

与党「共に民主党」が公開した資料は、尹候補の義母の差し押さえ不動産関連のもの、となっていました。関連した裁判が進行中で、詳しくどんな事情があるのかまではわかりませんが、少なくとも資料は本物でした。「共に民主党」の選挙関連対策委員会所属「選

挙対策懸案対応タスクフォース」は特にこの件をしつこく追及しており、十二月十八日から、ブリーフィング資料を出したりしながら、尹候補側を圧迫しました。

尹錫悦候補の奥さん、金《キム》某氏のことでも、彼女の大学入学や就職に決定的な影響を及ぼした美術公募展での受賞経歴など、彼女の履歴や学歴に関する多くの文書に、偽造の疑惑がかかりました。大学教員任用のための書類なども含まれており、虚偽の経歴提出は文書偽造及び業務妨害罪で処罰対象になります。尹候補はいままで「謝罪する事案ではない」「全ては慣行だ」としてきましたが、結局、金氏が謝罪することになります。そのあと、尹候補の義母が一審で有罪判決を受けるなど、「家族の不正」問題はどんどん広がっていきます。

さらに、以前から本件の対応で尹候補と意見が合わなかった党代表李俊錫氏が、尹候補チーム内の議員と対立が激しくなり、結局、「党の代表が、自党大統領候補の選挙対策委員会から抜ける」という前例のない事態に発展します。このときから、尹候補の支持率は大幅に落ちることとなり、二〇二一年十二月中旬頃から、李在明候補に逆転されてしまいます。

〈尹錫悦国民の力大統領候補の支持率が大きく下がった。李俊錫「国民の力」代表の共同選挙対策委員長辞退など、党内の問題が悪影響を及ぼしたと見られる。浮動層も大きく増えた。エンブレインパブリック・ケイスタットリサーチ、コリアリサーチ、韓国リサーチが二十日〜二十二日に実施した全国指標調査（NBS）によると、李在明「共に民主党」候補が三十五％、尹錫悦候補二十九％の支持率となった。これは二週間前に実施された直前調査（六日〜八日）と比較して、李候補は三％ポイント上昇、尹候補は六％ポイント下落した数値となる。李候補の落ち幅が尹候補より少なく、二人の候補の支持率の差は六％ポイントと広げられたが、まだ誤差範囲の内にある。これは、尹候補の配偶者である金某氏に関する疑惑に続き、選挙対策委員会の公報団長チョ・スジン議員との葛藤《かっとう》などで、李俊錫代表が共同選挙対策委員長を辞退した影響が大きいと思われる。同じ期間、浮動層は十七％から二十五％へ、八％ポイントも増えた……〉　（『韓国日報』／十二月二十三日）

「経済」関連政策で対立候補を引き離す李在明氏

そこから、さらに支持率の差が広がり、候補を交替すべきだとする主張まで出てくるアリサマ。保守支持の人たちは「国民の力」そのものを見捨てて、中道右派とされる「国民の党」の安哲秀《アンチョルス》氏を支持するようになり、安氏の支持率が六％台から十五％台に跳ね上がるなど、右派側の分裂は最悪の局面を迎えます。

しかし、二〇二二年になってから尹候補が党の分裂などについて謝罪、李俊錫代表も再び尹候補と仲直りするなど、「国民の力」の支持率は回復する姿を見せることになります。保守右派側の支持率回復は、個人的に、「韓国にとっては『比較的』不幸中の幸いだな」と思っています。あくまで「比較的」、そう、エイリアンよりはプレデターがいいのではないかな、という程度のものですが（なんで急にエイリアンが出てきたかは少し後で書きます）。一月末から二月初めの時点で、各世論調査では、尹候補が誤差範囲内でリードを示すようになりました。一部の調査でまだ李候補が優勢な結果もありますが、右派も左派も、安心できる状態ではありません。

保守側の勝利の可能性は、これからどうやって結束を見せるのかにかかっています。経緯はどうであれ、安哲秀氏の支持率が十％台まで上がったからには、安哲秀氏との候補単一化がもっとも有効な手になるでしょう。「国民の力」としては嫌でしょうけど、自業自得でもあるし、勝利のために仕方ない側面もあります。でも、いまのところ、候補単一化の話はありません。

個人的に、選挙まで結束を維持できるのは、右派より左派ではないだろうか、と思っています。これから大統領選挙がある三月に向けて、左派の支持率がまた少しずつ回復していくのではないか、と。

ただ、繰り返しになりますが、左派の勝利予測は、言い切ることはできない、実に少ない可能性の話です。また、個人的に、「韓国としては、この予想が外れたほうがいいだろう」とも思っています。ただ、結束の話以外に、もう一つ、李在明氏にとって有利な点があります。

これまた日本の皆さんからするとすごく意外なことでしょうけど、李在明氏は「経済」関連政策で、尹錫悦氏を大幅にリードしています。

二〇二一年十二月二十六日『韓国経済』によると、「経済分野だけで見た場合、国家の経済をちゃんと導いてくれそうな候補は誰か」を尋ねる世論調査に、李候補四十三・〇%、尹候補二十六・八%の結果となりました。この頃、尹候補の支持率が下がってはいましたが、調査の時点（二十三日）を考えると、二人の支持率の差がせいぜい五～八%ポイント差でした。この十六・二%ポイント差は、かなり異例です。

二十四・六％を占める「自営業者」に「善良さ」をアピール

それでは、李候補は経済関連でどんな政策を持ち出しているのか、「頑張ります」「うまくやります」的なものは放っておいて、個人的に印象的だったもの、李候補側だけのオリジナルのものを、二つ紹介します。韓国の左派政治家たちが韓国経済をどう変えたいと思っているのか、ある程度のヒントにもなりましょう。

まず、李候補は、自営業者たちに「善良さ」をアピールしていますが、これがなかなか衝撃的な内容です。自営業者を意識した政策は、他国に比べて韓国では特に重要です。前にも拙著やブログで同じ趣旨を書きましたが、韓国は自営業者が多い国です。一時は就業者の半分が自営業だと言われていました。さすがに最近は減ったものの、いまでも全体就業者において自営業者の比率は、二〇二〇年基準で二十四・六％。ＯＥＣＤ（経済協力開発機構）で六位です。

ちなみに、日本もイギリスも自営業が多いと言われる国（パッと見て、街に店が多い）ですが、それでもイギリスが十五％、日本は十％です。日本はサラリーマン率が高いことで有名で、調査機関にもよりますが、何と八割の就業者がサラリーマンだと言われています。なんだかんだで、日本の企業は雇用創出ができている、という意味でもありましょう。

韓国経済は「財閥」と呼ばれる大企業によって維持されているイメージがありますし、実際にそうですが、国内の雇用全体で見ると、そうでもありません。もっとも資産規模が大きい財閥企業三十社（系列社まで含めて、三十グループで）を合わせても、創出された雇用は韓国内全体雇用の五％ぐらいにしかなりません（「財閥ドットコム」、二〇一三年末基準）。その三十社の資産を全て合わせると、韓国GDP（国内総生産）の百二十六％になる、とも。少数の企業が目立っているだけで、全体で見ると意外なほど企業による雇用創出ができていないわけです。

韓国は、退職が早いほうです。五十代退職は普通で、四十代も珍しくありません。退職後の老後は、伝統的に「儒教思想にもとづき、子が親の面倒を見る」という通念に依存していました。そのおかげで、軍事政権は「老後」「福祉」などにお金を使わずに済みました。そのせいで、年金など福祉政策があまり重要視されませんでした。

一九九七年、韓国は、「国家が富を『蓄積』する時期（私は、これが先進国になれる重要な要素の一つだと思っていますが）」を迎えることができず、経済が破綻、ＩＭＦ（国際通貨基金）の管理下に入ります。社会システムに大きな変化が生じ、子が親の老後に責任を取るという概念も崩壊します。金大中・盧武鉉大統領の頃に年金制度が本格的にスタートしたものの、二〇二〇年時点で、六十五歳以上の人が受給している年金額は、日本の五十・五％です（韓国経済研究所の調査、二〇二一年十一月十五日発表）。さらに、それすらも制度が整備される前に、ベビーブーマー世代の引退が始まりました。彼らは、老後のため、退職金または借金で自営業をやるしかありませんでした。

これが、二〇〇〇年代になって韓国で一大ブームになった「創業ブーム」の正体です。店を開かないと老後が維持できなかったわけです。自営業の苦戦要因はいろいろありますが、このように、「創業する人が多すぎる」は、実に慢性的な問題となりました。

李氏が公約として掲げた「土地利益配当金制」

そんな中、李在明候補が、飲食店の総量制、すなわち飲食店の総数を国が統制し、店を開く権利を売買できるようにするという案を持ち出しました。「質」をどうにもできないから、「量」を絞ればいいではないか、という発想です。私には、これらが社会主義特有の「下向平準化（基準を下げることで平等を主張する）」の一環にしか見えませんが、どうでしょう。この話は「公約」として出てきたわけではありませんが、韓国の自営業者たちの間では、結構話題になりました。

〈「共に民主党」の李在明大統領候補が昨日（二十七日）、コロナ19で飲食業廃業が続出する状況と関連し、「飲食店許可総量制」の導入について言及し、また論議が起こりそうです。李候補は昨日午前、全国小商工人（※常時勤労者五人以下の企業のこと）・自営業者たちとの懇談会で、「食堂を開いて、すぐ閉業し、まるでアリ地獄のようだ。飲食店許可総量制でどうかと考えている」と話しました。彼は「自律性に問題をきたすという話もあるが、総量制が悪いわけではない。開業し過ぎて廃業するのは自由ではない。善良な規制は必要だ」とし、「哲学的な議論が必要だが、必要だと思う……〉

（SBS／二〇二一年十月二十八日）

自分で自分の出した案を「善良」と言っている時点で非常に怪しいものですが……でも、百歩譲って具体的に公約が出ているわけではないから、これはまだマシです。公約として、「土地を持っている一割の国民の不労所得を国が徴収して、土地を持っていない九割の国民に分ける」という案もあります。

〈……李在明「共に民主党」大統領候補の直属機構である「不動産改革委員会」が二十八日、公式活動開始とともに「土地利益配当金制」を取り出し、不動産税制が大統領選挙政権の核心問題に再び浮上した。土地利益配当金制は、不慣れな名称だが、これまで李候補が何度も明らかにしてきた「国土保有税」を、名前だけ変えたものだ。李候補側は「不動産不労所得を全国民に再分配し、投機抑制・格差緩和を成し遂げる妙手だ」としているが、「十%から奪って九十%に分け、国民を分裂させ、経済活動の足かせになる」という批判も同時に出ている。配当金制は土地を持った人が土地価格の一定割合を税金として出すようにする制度だ〉

（聯合ニュース／十二月二十八日）

韓国では、課税体系が「財産税と総合不動産税」になっています。総合不動産税というのは、持っている不動産によって、税金額も変わります。でも、李候補の案では、課税が「財産税と国土保有税（土地配当金）」に転換されますが、この場合、建物でなく「土地」を課税対象とし、決まった金額を配当金として払うことになります。

複数の記事にいくつかシミュレート結果が載っていますが、既存のシステムより全般的に税金が増え、大企業や工場、物流倉庫、病院などは特に税金が増えることになる、とのことです。国土保有税を一％に設定しても、約五兆円の税収が増え、全額、土地を所有していない人たちに配る、いわば目的税として運用する、とも。明らかに違憲になるのでは、という気もします。さて、彼が大統領になるなら、韓国の「赤」化の流れからも、注目したい案件です。

余談ですが、韓国が国の母体としている臨時政府は、その綱領（規則）「第一章・総則」の「その三」にて、「土地制度は国有とする」「乱れるばかりの私有化を廃止する」としています。ある意味、韓国が憲法で明示している「母体」である臨時政府の考えとそっくりではあります。

韓国で流行るジョーク・「どちらが勝っても、未来がない」

最後に、こうして書くと「左派側には問題がないのか」と誤解されそうですが、実は不正関連なら李候補側も負けて（？）いません。先に書いた再開発関連も、まだまだ現在進行中です。ただ、重要関係者が二人も自殺、遺体で見つかるなど、調査は難航しているようです。また、李候補の長男が、「億」単位の違法賭博に関わっていたことが明らかになりました。この件もまた、国民から「そっちも家族不正か！」と、かなり話題になりました。

李候補側は、長男が参加していたことは認めながらも、「千万ウォン（約百万円）ぐらい負けていて、借金もした」と話しましたが、インターンで六カ月働いただけの長男の預金額が数百万円分も急に増えていたり、すっきりした説明にはなっていません。野党側は「違法賭博を始めてから預金が急増したことが明らかになった。親からお金をもらって贈与税の脱税でもしたのか、それとも、息子さんは天才賭博師か？」などと責めました。

他にも、両候補にまつわる良からぬ話は多く、ハリウッド映画『エイリアン対プレデター（AVP）』の宣伝フレーズに因んで、「どちらが勝っても、未来はない」とするジョークが流行っています。好きな大統領候補がいないという意味で、韓国各紙は「歴代級の非好感選挙」と表現しています。

第四章　朴槿恵《パククネ》前大統領「特別赦免《しゃめん》」の狙い

絶妙なタイミングで行われた朴槿恵前大統領の特別赦免《しゃめん》

前任大統領の朴槿恵《パククネ》氏と前・前任の李明博《イミョンバク》氏が仲良く収監中で、その前任の盧武鉉《ノムヒョン》大統領は警察捜査中に自殺。すでにこの状況だけでもまともではありませんが、韓国で大統領がまともな老後を送るのは至難の業です。

韓国社会は、何もかも二分化され、お互いに対立しているからでしょうか。それとも、自分自身を「正当な権利を、不当な手段で奪われた」被害者だと思い込む「恨（ハン）」の文化があるからでしょうか。韓国では「報復」が正当化されやすい風潮があり、特に政治では、その報復は見苦しいかぎりです。

ただ、逆を言うと、前任大統領を釈放することは、国民に「あ、いまの大統領はやさしい人だな」というイメージを与えます。何かいろいろ「違う」とツッコみたいところですが、全斗煥《チョンドゥファン》大統領、盧泰愚《ノテウ》大統領を特別赦免《しゃめん》した金泳三《キムヨンサム》大統領など、「私は昔の敵を許す良い人です」アピールは結構効果がありました。ただ、そんなことをして自陣営の人から反対されると元も子もないので、こういう特別赦免には、裏もあります。

二〇二一年十二月、朴槿恵前大統領の特別赦免が発表されました。私はこの件で、二つの点で特に驚きました。まず、タイミング。この件がマスコミでいっせいに記事になったのが、十二月二十四日です。実に絶妙なタイミングだな、と感心せずにはいられませんでした。

〈文在寅《ムンジェイン》大統領が、年末年始の特別赦免対象に朴槿恵前大統領を含めると見られる。二十四日、与党側関係者によると、文大統領はこのような内容の特赦を決定する方針だ。この事実を伝えた関係者は「赦免対象には韓明淑《ハンミョンスク》前国務総理も含まれるだろう」と付け加えた。最近、大統領府と与党の核心関係者の間に朴前大統領の赦免問題に関する集中的な議論があったと伝えられた。朴前大統領は最近、肩や腰の疾患など既存の持病以外にも、歯科・精神健康医学などの治療を受けている。精神的にも不安定な状態だと伝えられた。法務部などは当初、朴前大統領に対する刑執行停止を検討したが、朴前大統領が刑執行停止の申請をしていないため、大統領府が赦免に方針を変えたことが分かった……〉

（『韓国日報』／同日）

李候補、「共に民主党」にプラス要因

私は、朴槿恵氏があまり好きではありません。でも、彼女が弾劾《だんがい》されたのは、「民主主義」ではなかったと思っています。法治に基づかない多数決など、ただの「数による暴力」でしょう。彼女の弾劾のときに韓国社会が見せた姿は、まさにそれでした。また、病気のこともあるし、赦免そのものについて大きな不満があるわけではありません。

同じく大統領として牢屋送りになった全斗煥氏、盧泰愚氏の場合も、二年弱の収監後に赦免となりました。朴槿恵氏は四年以上も収監されていたので、前職大統領赦免における前例的にも、むしろ遅かったと言えます（そもそも、こういう前例があるほうがおかしいですが）。問題は、これが緻密に計算された政治工作ではないのか、という側面です。

朴槿恵前大統領の赦免は、「誰がもっと悪いのか」合戦などの影響で、左派側はもちろん、保守右派側からも増えていた大勢の浮動票に、影響を及ぼすでしょう。ちょうど保守側の動きに失望していた「中道に近いほうの」保守派の人たちは、「文在寅側（李在明《イジェミン》候補）も悪くないかな」と心が揺れる可能性があります。

当時、各紙の報道は、「大統領府は朴前大統領に対する赦免に否定的だったが、彼女の

健康状態について聞いた文在寅大統領が、赦免を決定した」と報じ、文大統領の人間的配慮によって赦免できた、というイメージを浮き彫りにしていました。

また、まだまだ保守派を二分している「親朴・非朴」の分裂が、再び強くなる可能性もあります。さらに、同じく収監されていた李明博元大統領は赦免対象にされなかったため、保守右派内部のさらなる分裂に繋《つな》がることも、予想できます。ちなみに、李明博氏は一九四一年生まれで、一九五二年生まれの朴槿恵氏より高齢です。

実際、保守派側の反応は、バラバラでした。非朴派の洪準杓《ホンジュンピョ》氏は「彼女に会うことはない」「政治に復帰してはならない」という意見を出し、同じ保守系政党「国民の党」の安《アン》哲秀《チョルス》氏は、赦免を大いに歓迎すると発表しました。このスタンスは、二〇二二年一月からの彼の支持率上昇とも、無関係ではないと言われています。左派でない政治家の中で、ある程度の知名度を持ち、朴前大統領の赦免を大いに歓迎したのは安哲秀氏だけです。「ウリ共和党」など、弱小ではあるものの保守系野党の人たちは、朴前大統領が現在治療を受けている病院の前でクリスマスソングを歌いながら熱烈な赦免歓迎を表明しました。

しかし、彼女の拘束のときに検察チームを指揮していた尹錫悦《ユンソクヨル》氏としては、これはかなり気不味《きまず》い展開で、「国民の力」も「赦免はいいが、まず朴槿恵氏は国民に謝罪、せめて遺憾表明ぐらいはしてほしい」など、微妙な反応を示すだけでした。

一方、いままで朴前大統領の赦免について反対していた左派側の人たちは、分裂どころか、一切の異論を出さず、「文大統領の判断を尊重する」と、足並みを揃えました。先に、「二つの点で特に驚いた」のもう一つが、これです。大統領候補である李在明氏もいままで何度も何度も「赦免はダメだ」と主張してきましたが、「大統領の決定を尊重したい」と、あっさり受け入れました。

そして、同じ十二月二十四日、「共に民主党」の競選で李在明氏に敗れた李洛淵《イナギョン》元総理が、再登場しました。彼は競選で負けてからはしばらく姿を見せずにいましたが、この日から李在明候補の選挙対策委員会に参加を表明、協力する姿勢を明らかにしました。李在明候補ほどではないにせよ、李洛淵氏も結構前から一定の支持を集めていた人で、競選でも、後半部ではなかなかの追い上げを見せていました。

この件は明らかに李候補に、そして「共に民主党」に、プラス要因となるでしょう。このように、左派の人たちは、良くも悪くも、団結する姿を見せました。とても「大統領が一人で決めた」とは思えない展開です。

赦免は、大統領府による、大統領選挙介入か

面白いことに、本件で「保守派の分裂を狙ったものではないのか」という側面を真っ先に指摘したのは、韓国ではなく日本側のメディアでした。『読売新聞』『朝日新聞』などが、「政治的な揺さぶりではないのか」という見解を載せました。それから韓国でも似たような声が上がり、一部のメディアが記事にしました（ほとんどのメディアは二十六日から）。ただ、二十四日当日に同じ分析をしていた韓国メディアも、少数ながらあります。その中の一つ、『ヘラルド経済』の記事です。

〈（※朴槿恵前大統領の特別赦免は）尹錫悦「国民の力」候補にとって、どんな影響を及ぼすか。尹候補は、収監中の二人の大統領に対する赦免を主張してきたが、いざ自身が朴前大統領を拘束・起訴した人物である点で、どうしても負担になる。与党・野党は朴前大統領の赦免が大統領選挙に及ぼす影響について、緊張しなら推移を見守っている。二十四日、政治関連情報筋たちの間では、朴前大統領の赦免が、大統領選挙前に大統領府と「共に民主党」が投げた「策」ではないか、との観測が広がった。

李在明候補と与党の立場からすると、政治的負担になるのは事実だが、それでも「国民を統合する」イメージを、中道派の人たちにアピールできる。保守野党側は、ほぼ例外なく「歓迎」の声を出したものの、赦免リストに李明博元大統領の名前はなかったし、尹候補が検察に在職していた当時、朴前大統領の各種疑惑の捜査を指揮した当事者でもある点で、陣営内の分裂が深刻化する可能性もあり、緊張感に包まれた。

チャ・ジェウォン釜山《プサン》カトリック大学の特別教授は、「朴前大統領の赦免は、李石基《イソッキ》「統合進歩党」議員の仮釈放、及び韓明淑《ハンミョンスク》元国務総理の赦免とのバランス取りという意味もあるが（※この部分は後述します）、それ以外にも、政治的負担は行政府に背負わせ、政治的利益は「共に民主党」と李在明候補が持っていくという計算も敷かれていると見ている」とし、「朴前大統領が赦免されれば、保守陣営内では少なくない影響を及ぼす。「国民の力」という党内に、朴前大統領が弾劾された頃の「弾劾の川（※朴槿恵大統領の弾劾の頃、保守派が朴大統領擁護派と非難派に分裂したこと）」が再現される可能性すらある」と見通した。

特に、李明博元大統領が赦免されず、朴前大統領だけが赦免された点も、保守陣営の分裂に繋がる可能性がある。現在、尹錫悦選挙対策委員会には「親李界」が大挙布陣しているが、朴前大統領の宝くじと税決集を狙う「親朴界」の間に内紛が起こるという展望だ。党内外では、尹錫悦候補の周りに李明博元大統領と親しい「親李」派が主に結集したのも、朴槿恵支持派が、朴大統領拘束を指揮した尹候補と距離をおいたからである〉

こういう理由で、赦免を「大統領府による、大統領選挙介入ではないのか」とする指摘もありました。短く引用しますと、〈文在寅大統領の朴槿恵前大統領特別赦免決定と関連し、大統領府が大統領選挙に介入したのではないかという批判が提起されている。大統領府は「赦免決定過程で政治的考慮はなかった」という立場に固執している。しかし、朴前大統領の赦免が、結果的には来年大統領選挙の変数として浮上するだろうというのが、政治情報筋たちの共通の指摘だ〉（『国民日報』／十二月二十六日）、などです。個人的に、十分納得できる指摘ですが、関連した後続記事もなく、あまり話題にはなりませんでした。

実際、それから尹候補の家族関連不正疑惑、「国民の力」の内部分裂問題などもあって、保守派の多くの浮動票が安哲秀氏に向かうようになり、安哲秀氏の支持率は二〇二二年一月には十五％まで上がります。この支持率が全て右派から来たものだとは思えませんが、少なくとも安氏は左派とは距離がある人なので、尹候補を支持していた票が分かれたと見るべきでしょう。

文在寅大統領の支持率は、歴代大統領の中で最も高い四十％台

二〇二二年一月末の時点で、文在寅大統領は、任期末の支持率で、歴代最高を記録しています。これにもまた、朴前大統領の赦免が影響を及ぼしただろうと、私は思っています。韓国は、軍事政権が長期執権したことを理由に、大統領を単任制としています（同じ人が大統領になれるのは一回だけ）。よって、誰でも任期五年目からが任期末扱いとなります。その任期末時点で、文在寅大統領の国務遂行支持率は四十％台。韓国で大統領を全国民投票で選ぶようになった盧泰愚大統領（就任一九八八年）から、歴代大統領の中で最も高い数値です。

二〇二二年一月十五日『マネートゥデー』の記事によると、似たような時期、盧泰愚大統領の支持率は十二％、金泳三氏八％、金大中氏二十八％、盧武鉉氏二十七％、李明博氏二十三％でした。朴槿恵氏は弾劾により、データなし。ここまで高い支持率となると、もし政権交代になっても、右派が文大統領に「報復」するのは、そう簡単ではないでしょう。

ただ、こうして書くと、左派政治家たちが素直に大統領に共助したようにも見えますが、そうでもありません。先の引用部分の「後述します」ですが、朴前大統領の赦免と同じ時期に、左派側の人たちも、しかも結構な「大物」が、赦免発表または仮釈放になりました。

本書では詳しくは触れませんが、盧武鉉大統領の頃に国務総理だった韓明淑元総理も、赦免されました。左派では知名度の高い人で、特に文在寅大統領は彼女の有罪判決に強い遺憾を示していました。

また、赦免ではなく仮釈放になりますが、「統合進歩党」の李石基元議員が仮釈放となりました。李元議員は、朴槿恵政府の頃となる二〇一三年、革命組織の総責任者として「有事の際、通信施設の破壊などで韓国の政府転覆を図る」内容を組織員たちと話し合うなど、内乱扇動の罪で起訴されました。「統合進歩党」も解体となり、軍事政権が終わってから、韓国にとって最も強力な「左右対立」事件とされています。

韓元総理や李元議員の件は、報道はされたものの、朴槿恵前大統領の赦免のニュースに隠れる形となりました。いままで、左派側から二人の赦免を求める声があったものの、なかなか実現できないでいました。韓氏のこともそうですが、特に李石基氏の仮釈放は、かなり大きな事案です。でも、朴槿恵前大統領の赦免が重なったからか、この件で、保守派から大きな反発はありませんでした。

第五章　韓国左派陣営が目論む「終戦宣言」

文政府最大の政策・支持率八十%を誇った「平和プロセス」

それでは、ここからは「終戦宣言」についてお話ししたいと思います。韓国社会に「南北統一により、やっと『民族国家』が生まれる」という夢を見せた、文在寅《ムンジェイン》政府の南北政策、いわゆる朝鮮半島平和プロセス。いまでも平和プロセスは文政府の最大の政策として君臨していますが、米朝首脳会談が二〇一九年に破綻《はたん》してからは、これといった進展を見せられずにいました。

文政府初期には、平和プロセスは本当に凄《すご》い勢いで、国民の支持を集めました。韓国民は、いつもはそこまで南北統一にこだわりません。別にいまのままでいいじゃないか、と考えている人が、多数派になっています。それに、南北統一は、いまのところできる可能性もそうないけど、北朝鮮との経済力の差を考えると、どうしても韓国のほうが損をする形になるでしょう。しかも、短い期間で、戦後処理ならず「統一後処理」ができるはずもありません。

にもかかわらず、文政府の朝鮮半島平和プロセスは、「一つの民族」としての韓国人のアイデンティティーを刺激することができました。韓国で一年でも住んでいればすぐに分かりますが、韓国は当たり前のように「民族」としての韓国人の優秀さを公言します。映画で、ドラマで、政治家が、教師が、大人が、子供が、当たり前のように、「韓民族（朝鮮民族）」の優秀さを自慢します。毎日目にするもの、耳にするもの、それらの「教育」効果は、人の深い領域に影響する、といったところでしょうか。文政府の平和プロセスは大きな支持を得て、誰もが韓民族のバラ色の未来だけを語り、文政府の支持率を八十％近くまで押し上げる決定的要因となりました。

ですが、米朝の間で首脳会談を仲介し、一時は「外交王」「朝鮮半島の運転者」とまで呼ばれた文大統領でしたが、北朝鮮の「在韓米軍撤収を前提に核を放棄してもいい」という話を米国には「核を放棄してもいい」とだけ伝えるなど、ずさんな仲介により、米朝首脳会談は二回で破綻。北朝鮮も米国も、韓国の仲介には期待しなくなりました。この部分については、恐縮ですが前著にあたる『文在寅政権 最後の暴走』に当時の記事や専門家の分析、私見などを書きましたので、参考にしていただければ幸いです。

「朝鮮戦争の終戦宣言」を国際社会にアピール

それから、文在寅政府の平和プロセスはこれといった実績が出せず、米国も中国も「朝鮮半島平和プロセスに賛成する」という趣旨は示すものの、表面的なだけで、これといって協力的な姿を見せませんでした。そんな中、文在寅政府は事実上の最後の手段として、「朝鮮戦争の終戦宣言」を国際社会にアピールするようになります。停戦状態である朝鮮戦争の、終戦を世に宣言しよう、というものです。一時の平和プロセスに比べると、その勢いや韓国民の支持は、率直に言って、微妙です。二〇一八年の半分以下の勢い、とでも言いましょうか。

それでも、韓国民が終戦宣言にかける期待は無視できません。大統領の諮問《しもん》機構で、韓国の統一政策にも相応の影響力を持つ「民族平和統一諮問会議」が発表した国民世論調査結果によると、韓国民の六十七%は終戦宣言が必要だと思っています（「必要だと強く思う」と「必要だと思う」の合計、二〇二一年十一月二十六日発表）。そのためか、主に左派側の主張には、「日本」がよく出てきます。終戦宣言に反対する人は、親日で、反逆者だというのです。以下、十二月十一日『韓国経済』の記事です。

〈李在明《イジェミン》「共に民主党」候補が十一日「大韓民国の政治家が終戦のために努力せず、終戦協定に、戦争の終結に反対するなんて、こんな話があるか」と話した。終戦宣言に消極的な尹錫悦《ユンソクヨル》「国民の力」候補を狙ったものと解釈される。李候補はこの日、慶尚北道《キョンサンプクト》の多富洞戦跡記念館（※朝鮮戦争で大きな戦いがあった場所です）を訪れ、「朝鮮半島の平和協定を結んで平和体制に行く前に、かならず停戦状態を終戦状態に変えなければならない」としながら、このように言った。李候補は、「停戦を終戦に変えることに反対する国がある」とし、「日本こそが、終戦に反対し、停戦体制の維持を望んでいる国だ」と話した。彼は、「朝鮮戦争で、私たちがあれほど殺され破壊されたのに、彼らは物を売って復興した。他人の不幸が、自分の幸せだったのだろう」と説明した。李候補は「外交の核心は国益中心だから、彼らがそのような態度を取るのは理解できる」とし、「しかし、大韓民国政治家が終戦のために努力せず、むしろ終戦協定に反対するというのは、これは話にならない」「親日の結果が大韓民国の安保を脅かして国益を害するならば、親日を超え、それは国に反逆する行為だ」とした〉

いや、日本は関係ないですけどね、なぜかいろんなところで出てくる日本でした。このように、決して二〇一八年のような勢いはないものの、確実に韓国民、特に左派側の支持を得ている終戦宣言。終戦宣言は、目新しい案件ではありません。北朝鮮関連で何度も出てきて、そして消えていきました。

習近平中国主席いわく、「朝鮮戦争終戦宣言の当事者は、米国、韓国、北朝鮮」

二〇〇七年盧武鉉《ノムヒョン》当時韓国大統領が北朝鮮の金正日《キムジョンイル》氏と首脳会談をしたときにも、「平和体制の構築のため、南北ともに終戦宣言を推進していく」という内容が共同宣言に入っていました。韓国では「一〇・四共同宣言」と言います。ですが、言うのは簡単ですが、いま韓国が置かれている状況は、そう簡単ではありません。実際、二〇〇七年の共同宣言では、終戦宣言を行う主体が「四カ国（米・韓・中・朝）または三カ国（米・韓・朝）で」となっています。なぜなら、中国がスタンスをはっきりしないからです。

二〇一八年九月十二日、ロシアのウラジオストクで開かれた経済フォーラム全体会議の座談会で、習近平中国主席は「朝鮮戦争終戦宣言の当事者は、米国、韓国、北朝鮮だ」と話しました。この点については、中国が徹底して「無関心」を貫いているという指摘と、「（中国が参加しないと終戦宣言は不可能なので）事実上、中国は終戦宣言を望まないという意味だ」という指摘も出ています。韓国は停戦協定にサインもしていないので、別になってもなくても問題ありませんが、中国はサインした当事国ですから。

南北首脳がやっと会ったのに、終戦宣言の主体すらも決められず、「推進していくよ！」としか宣言できない。それが、朝鮮戦争終戦宣言の現状であり、いまでもさほど変わっていません。まず北朝鮮からして、何か得になりそうなときには終戦宣言を要求したり（米朝首脳会談が話題だった二〇一八年に、米国側に終戦宣言を要求したことがあります）、これといって実利がなさそうなときは、「まだそんなときではない」とするだけです。いまは、これといって反応を示していません。ただ、「戦争の恐れ（米軍）が存在するかぎり、終戦宣言には何の意味もない」というスタンスだけを、公にしています。

韓国にとっては「停戦協定」を維持するのがベスト

いわば、文在寅政権は、この件を「掘り返した」わけです。二〇一八年四月、文在寅大統領と北朝鮮の金正恩《キムジョンウン》氏が首脳会談を行い、同じく共同宣言（四・二七共同宣言）を出しましたが、そこに「停戦協定六十五周年を記念して終戦を宣言できるよう、米韓朝または米韓中朝の四者会談を推進する」という内容が含まれていました。でも、停戦協定六十五周年は、それから三カ月後の二〇一八年七月二十七日でした。すでに「賞味期限」が切れているし、そもそも、三カ国か四カ国かも決められないで、声明発表から三カ月でできるはずがないでしょう。

それからしばらくは、終戦宣言については話がありませんでしたが、二〇二〇年九月二十二日（現地時間）、国連総会基調演説で文在寅大統領が急にこの件を掘り返します。

〈文大統領は現地時間で二十二日、米ニューヨークの国連総会場で開かれた第七十五回国連総会での映像基調講演で、「終戦宣言こそ、韓半島での非核化と恒久的な平和体制の道を開く扉になるだろう」と強調した。米朝非核化対話と南北関係が冷え込んだ状況で、終戦宣言をきっかけに北朝鮮を対話の場に再び引き出し、立ち止まった朝鮮半島の平和プロセスの動力を再び確保する意志であると思われる。文大統領は、非核化を牽引して恒久的な平和を定着させる方法で、南・北・米首脳の終戦宣言の可能性を考慮してきた。ただし、米朝会談で終戦宣言は北朝鮮の非核化の後の「相応の措置」として挙げてきただけに、「韓半島終戦宣言からの朝鮮半島の恒久的な平和」という文大統領の構想が受け入れられるかは未知数だ〉

（「聯合ニュース」／同日）

人類の歴史上、大小さまざまな戦争がありましたし、また、さまざまな平和条約（講和条約）もありました。個人的には「講和」のほうが実際の意味としてふさわしいと思いますが、英語が「Peace treaty」だからか、平和条約とも言います。平和条約といっても結局は戦後処理のためのものであり、そのためにはまず戦争は終わらないといけないので、一般的に平和条約の最初は終戦宣言で始まることになります。例えば第一次世界大戦の後のベルサイユ講和条約の前文でも、第二次大戦後のサンフランシスコ講和条約の一条でも、「この条約をもって戦争は終わった」という内容を真っ先に出しています。

こうして「もう終わったからな」ということを法制化することについては、賛否両論あるかもしれませんが、少なくとも戦った後始末が必要だという最低限の考えとともに、肯定的に評価できる人類の知恵、または処世術ではなかろうか、と私は思っています。

ただ、朝鮮戦争の終戦宣言は、それらとは決定的に違う点があります。北のほうが、まだまだやる気満々です。だから、わざわざ「いま」終戦宣言をやる理由はなんだ、という問題があります。日米が最も困っている点でもあります。趣旨には反対しないけど、空気読め、と。

いまの韓国には、ちゃんと機能している停戦協定を維持したほうが、もっと役に立ちます。停戦協定は終戦宣言とは違うじゃないか、停戦協定があるからこそ戦争が終わらない、お前は戦争を終わらせたくないのか、そう主張する人たちもいます。しかし、そこは停戦協定に対して片方の認識しか持っていないからです。

条約というのは法的なことです。「法的に」戦争を「停止」させたということは、相応の「法的手続きをしないと戦争の再開もできない」という意味です。そう、停戦協定というのも、平和のための見事な安全装置なのです。特に、韓国のように地政学リスクが強く、日常的に「北朝鮮から弾道ミサイルと思われる飛翔体が〜」とニュースが流れる国では。

韓国・北朝鮮関係への前駐韓米国大使・ハリス氏の見解

いまの韓国・北朝鮮の関係では、平和条約（終戦宣言を含めた講和条約）の実現は難しく、無理矢理終戦宣言したところで、在韓米軍の「駐屯の正当性」に関する議論（戦争終わったから出ていけ、など）が起きたり、副作用も大きい。南北の間に、大使館に準ずる施設などを作り、外交関係を確立していったほうが、もっと現実的に「戦争リスクを減らす」道になるのではないか、そんな趣旨の主張もあります。

ちなみに、文在寅政府になってから、北朝鮮に「未来の大使館」として南北共同連絡事務所というのが作られましたが、二〇二〇年六月、北朝鮮側によって一方的に爆破されてしまいました。

それで、いきなり結論になりますが、やりたいならやればいいけど、現状、難しいではないか。まずは非核化なんとかしようよ。そんなところです。この部分、前駐韓米国大使だったハリー・ハリス氏も、同じ見解を示しています。ここからは終戦宣言についての「私見」を書いていくことになりますので、その前に、まとめとしてハリス前大使の考えを紹介します。

〈ハリス前大使は四日（現地時間）ワシントン・タイムズ財団が主催したオンラインセミナーで、「終戦宣言は平和交渉ではない」とし、「停戦宣言が依然として機能しているではないか」としました。彼は「北朝鮮のミサイルと核、生化学、在来式の武器も、依然として機能している」とし、「私はいつも、私たちは終戦宣言をすでに『持っている』と思った。それは停戦宣言と呼ばれるもので、数十年間、素晴らしく機能してきた」と主張しました。

彼はまた「北朝鮮の脅威に対応する力を弱める代価として北朝鮮と対話することなど、絶対にない」とし、「対話と軍事的な備えはかならず共に行わなければならず、理想主義は現実主義に根を置かなければならない」と強調しました。

続いて「北朝鮮を対話テーブルに座らせるために制裁を緩和したり、共同軍事訓練を縮小してはならないということに強く同意する」とし、「これ（制裁緩和や軍事訓練縮小）は失敗すると確認された道だ」と指摘しました。ハリス前大使は、北朝鮮との対話展望についても「バラ色のシナリオだとは思わない」とし、「暗く、毎日毎日暗くなっていく」と悲観的でした。彼は、「私たちは北朝鮮が交渉に応じるように、私たちができることをすべてやった。もう彼らの問題」とも言いました。

バイデン政権に入り重要さが浮き彫りになっている米国・日本・インド・オーストラリアの非公式協力体クアッド（Ｑｕａｄ）の拡大と関連しては、「私はクワッドが好きだ。

クワッドを育てなければならない」「クアッドにはどんなゲートキーパーもない」と言いました。彼はクワッド参加に対する韓国政府の立場をめぐって、「韓国政府は同盟の米国と経済的に緊密な中国の間でバランスをとろうとしている」とし、「それが分水嶺(tipping point)になるだろう」と述べました。

続いて、「クワッドだけでなく、中国の人権問題など他の分野で、韓国が動くように望んだ機会があった。韓国は北京オリンピックに不参加することもできたし、国連の北朝鮮人権決議案に参加することもできた」とし、「何もしないのは、弱いということだ」と強く圧迫しました。彼は、「韓国内にクワッド参加を求める人とグループがいると知っているが、大統領府がこれを望むかどうかは分からない」とし、「彼らに聞かなければならないだろう」とも言いました。ハリス元大使は韓日関係をめぐっても「東京オリンピック当時、文在寅大統領が日本を訪れず、首脳会談も開かれず、失望した」とし、「機会を失ったのだ。三月の大統領選挙以降、失われた機会が再び思い起こされることになるだろう」と政府を批判した〉

（SBS／二〇二二年一月五日）

「何もしないことは、弱いということだ」

これも前著に書いた内容ですが、二〇二一年、一部のメディアから、米国が対北外交方針に韓国の意見を取り入れるかわりに、日韓関係改善の努力を要求したという報道がありました。韓国政府は否定しましたが、韓国側が東京オリンピック首脳会談で「成果が必要だ」と焦ったのも、それが一因だという見解もあります。今回のハリス氏の「機会を失った」という発言が、どことなく繋《つな》がっている気もします。

特に、「何もしないことは、弱いということだ」に、個人的に感銘を受けました。他の章でお伝えしましたが、「韓国は何もしなくてもいい」というくだらない主張が韓国社会に広がりつつあるいま、あまりにも重く、そして的確な言葉です。故ジョン・マケイン議員の「何でもできることが勇気ではない。怖いときに何かの行動を起こすことが勇気だ」という言葉を思い出しました。

韓国左派陣営が目指す終戦宣言の意味は、「一九四八年体制のリセット」

それでは、ここから私見ですが、私は、文在寅大統領、詳しくは韓国左派陣営が目指している終戦宣言の意味は、「一九四八年体制のリセット」だと見ています。なぜそう思うのか、一九四八年体制とはどういうことなのか、これからとてつもなく退屈な話を始めたいと思います。

まず、一九四八年体制というのは、大韓民国という国家が誕生した、一九四八年の総選挙のことです。あくまで北朝鮮の主張ですが、韓国の左派思想家たちにとって、大韓民国が「半分だけ」の失敗作で生まれたのは、この一九四八年の選挙が問題です。そう、韓国の左派思想家たちが国旗や国歌など、国の象徴たるものを忌避する理由も、ここにあります。

一九四八年、朝鮮半島の北と南がそれぞれ「政府（国家）」を名乗るようになってから、二年後の一九五〇年。悲しいことですが、初めての「統一」の試みが、朝鮮戦争でした。単純だけど、強烈なやり方です。いまの価値観で当時を測ることは難しいかもしれませんが、異論なしの「吸収統一（どちらか片方が完全に消える）」方式だったと言えます。

しかし、北側が思っていたほど、朝鮮半島はすでに「朝鮮民族だけの問題」ではありませんでした。一時は韓国側の一方的な敗北に見えた朝鮮戦争は、米軍など国連軍の参戦により、多くの血を流したものの、停戦の流れとなりました。韓国政府は停戦協定にサインせず、「このまま北進して吸収統一しよう」と主張しましたが、国連軍はその要求に応じませんでした。その後、朝鮮戦争の後始末をどうするのかが、一九五四年のジュネーブ平和会議で議題となります。これが、二回目の統一の試みでした。

いまの韓国と北朝鮮は、「連邦制統一（二つの政府として統一し、後で一つの統治機構を作る法案）」を目指しています。ただ、韓国は最終的に出来上がる統一国家は「自由民主主義国家でなければならない」としていますが、北朝鮮は「我が民族だけで自主的に決めればそれでいい」という路線を提示しています。

連邦制統一は一九六〇年金日成《キムイルソン》氏が提案したものですが、実は、基本的な内容は、すでにジュネーブ会議で発表済みのものでした。私は、連邦制統一でも限界を感じている文在寅大統領及び韓国の左派陣営は、もっと時間をさかのぼり、このジュネーブ会議での北朝鮮案を意識しているのではないか、そう思っています。

それでは、北朝鮮と韓国が、ジュネーブ平和会議において、どんな方式の統一を提案したのか、見てみましょう。いくつか、いまの韓国の政治・外交の流れと、一脈相通ずる部分が見えてきます。

当時の韓国案——国連の監視下で、南・北朝鮮の自由総選挙

ジュネーブ会議の直前まで、韓国側は吸収統一だけを主張していました。李承晩《イスンマン》氏の場合、会議など必要ないとする演説まで行いました。戦争で一方的に助けられた人が、どうすればここまで言えるのか、不思議です。ただ、米軍側の説得もあって、結局は「韓国と北朝鮮で、自由選挙を行う。ただ、韓国政府は一九四八年、国連で認められた選挙で樹立された政府であるため、北朝鮮も韓国側も、韓国の憲法に基づいた選挙を行うべきである」という案に落ち着きます。

以下、韓国史研究を目的とする韓国の国家機関「国史編纂委員会」のデータベースから、漢陽《ハニャン》大学校史学科博士キム・ボヨン氏が提供した関連論文「ジュネーブでの政治会議と南北による統一法案の比較研究」から引用します。まず、韓国側の案ですが、長いので、本題的に重要なものだけ抜粋しました。

〈韓国側は一九五四年五月二十二日、ビョン・ヨンテ外務大臣が「韓国統一に関する十四条」法案を提示した。一言で、「国連の監視下で、南・北朝鮮の自由総選挙」である。一条「統一独立民主韓国を樹立するため、従前の国連による諸決議に基づき、国連監視下で自由選挙を行う」、二条「現在まで自由選挙が不可能だった北朝鮮から、そして韓国から大韓民国憲法手続きにより自由選挙を行う」、四条「選挙の前後及びその期間中、選挙監視に従事する国連監視委員は、選挙が行われる全ての地域で自由選挙が可能な条件を監視および造成できるように行動・言論の完全な自由を享受する。現地当局は、監視要員に対して可能なすべての利便性を提供する」、九条「選挙で選出された『全韓国議会』は、ソウルで開会する」、十条「統一韓国の大統領を新任選出の可否、大韓民国現行憲法を修正の可否……（※いくつかの案件、略します）は国会で後で決める」、十一条「大韓民国の現行憲法は、全韓国議会が修正しない限り有効である」、十二条「中共（※中国）軍は選挙実施日の一カ月前に韓国から撤収完了する」……このような主張は、大韓民国が朝鮮半島の唯一の合法政府であり、北朝鮮政権は大韓民国の領土の一部を違法に占拠している反国家団体という論理に立脚したものであった〉

親米派・李承晩《イスンマン》氏と臨時政府主席・金九《キムグ》氏の血なまぐさい戦い

どういうことかというと、一九四五年の終戦から三年間の軍政の後、一九四八年、朝鮮半島南半分で、初めて総選挙が行われました。当時はすでに北半分（北朝鮮）に金日成氏と共産勢力を中心とする政権ができていたので、朝鮮半島全地域で選挙を行うことは不可能でした。そこで、「国連の影響力が現実的に届く範囲である南半分（いまの韓国）だけで、選挙を行うべきだ」とする流れになりました。

米軍側のこのような主張に同意した親米派の李承晩氏と、「何があっても北朝鮮側と話し合って、朝鮮半島全域規模の選挙を行わないといけない」と主張する臨時政府主席金九《キムグ》氏が衝突します。すでにブログや拙著などで何度も書いた内容なので、既読の方も多いことでしょう。これが、「国家」大韓民国を重視する右派と、「民族」韓民族（朝鮮民族）を重視する左派との、血なまぐさい戦いの始まりです。妙なものですね。つい二〜三年前まで「大日本帝国と戦った愛国者」を名乗っていた運動家たちが、右派と左派に分かれて無数に殺し合ったわけですから。

結果、選挙は韓国側だけで行われるようになり、李承晩氏が初代大統領に当選、金九氏は暗殺されます。先の引用部分の「自由選挙」というのは、一九四八年に行われた韓国側だけの選挙をそのまま認めて、今度は国連の監視下で北朝鮮まで含めて朝鮮半島全域で選挙を行い、その結果で南北統一を成し遂げよう、という意味です。

「大韓民国の憲法のもと」と「国連監視下」が最大のポイントで、一九四八年に行われた大韓民国としての選挙を認め、北朝鮮がその影響下で選挙を行うべきだ、すなわち、いまの北朝鮮は朝鮮半島で憲法を名乗る資格はない（＝違法組織）という意味になります。

北朝鮮の民に、何をどう問う選挙なのか具体的な話はなかったので何とも言えませんが、当時の記録をいろいろ読んでみると、北朝鮮に「政府」を樹立するための選挙ではありません。そんな話はどこにも出てきません。「韓国の憲法に基づいた選挙」とは何度も出てくるし、キム博士も「これは北朝鮮を認めていないものだ」としている点から、少なくとも北朝鮮に韓国と「同格」の政府を樹立するためのものではなかったと思われます。

北朝鮮は、このような韓国側の案に強く反対し、「大韓民国の憲法のもと（一九四八年体制）」でもなく「国連監視下」でもない状態で、全朝鮮半島で選挙を行うべきだ、としています。どうしても「民族」単位でやるべきであるとする、金九氏の主張と趣旨は同じだと言えるでしょう。

ここからは、また引用ですが、国連ではないとどこに監視を任せるのか、その代役として「全朝鮮委員会」というものが出てきます。その構成に「市民団体（民主主義社会団体）」が含まれている点に注目してください。以下、北朝鮮の統一案です。

南北関係を、日本とロシアのような関係にするという目標

〈一・朝鮮民主主義人民共和国政府と大韓民国政府は、朝鮮の急速な復興と独立及び統一民主国を創設する目的で次の事項を促進する、一の一・全朝鮮住民の自由な意思表示の基礎の上で、朝鮮の統一政府を形成する国会議員総選挙を行う、一の二・自由総選挙を準備し、南北朝鮮の経済および文化的アプローチを取るために、朝鮮民主主義人民共和国の最高人民会議と、大韓民国国会でそれぞれ選出された代表、及び南北朝鮮それぞれの最大民主主義社会団体の代表によって全朝鮮委員会を組織する、一の三・全朝鮮委員会は選挙法の草案を準備する……（※略）……、二・選挙六カ月前まで全ての外国軍隊は撤収する……〉

それから何度か修正案が出てきたものの、核心は、「徹底的に自民族だけでやる（国連排除、外国軍撤収など）」ことと、「一九四八年韓国選挙の否認（南北どちらかの憲法によるものではなく、全朝鮮委員会という組織が作った法律で行う）」です。

韓国、この場合は「韓国左派」がメインになりますが、彼らが日韓関係において最も望んでいるものは何か。それは、基本条約、韓国で言う「一九六五年体制」のリセットです。文在寅政府がやってきたことを見れば、一目瞭然でありましょう。

では、南北関係で最も望んでいるものは何か。それは、一九四八年体制、すなわち韓国という「国家」の生まれそのもののリセットです。そのためにやるべきことは、まず、その一、北朝鮮を政府として認めさせること。これは、米国が北朝鮮と外交関係を樹立すると、難なく可能になります。米朝首脳会談がそのためのものでしょう。

その二、終戦宣言によって、外国軍の撤収名分を作っておくこと。ちなみに、終戦宣言には、「南北関係を、日本とロシアのような関係にする」という目標もあると、私は見ています。どういうことかというと、サンフランシスコ講和条約にロシアは参加していないので、日本とロシア（当時ソ連）は一九五六年に「日本国とソヴィエト社会主義共和国連邦との共同宣言」を結びました。いわゆる「日ソ共同宣言」です。

そこでは、終戦宣言はちゃんと書いてありますが、平和条約については「後で協議する」としたものの、いまだ平和条約締結まではできていません。確かに気になることではありますが、だからといって、いまの日本とロシアの外交関係に何か致命的な問題が発生しているのかというと、そうではありません。さすがに友好国とは言えませんが、普通に大使館があって、外交関係が機能しています。

韓国が望む「とりあえずの」南北関係が、こういうものでありましょう。平和条約はあとでいいからとにかく終戦宣言からやっておこうという文政府のスタンスが、ちょっとした論拠になるでしょう。

そして、その三、いずれやってくる南北総選挙のため、民主主義社会団体、いまの言葉で「市民団体」を味方にしておくこと。二〇〇〇年代から続いている韓国政治最大の変化、それは市民団体の政治勢力化であり、主に左派政治家と癒着《ゆちゃく》しています。朴槿恵《パククネ》大統領の弾劾《だんがい》のときにもそうでしたが、彼らの「人を動員する力」は、想像を超えます。

米韓関係の弱体化を狙った、金日成《キムイルソン》氏の「ガックン戦術」

「荒すぎる」とは自覚していますが、これが、私が見ている韓国左派の統一シナリオです。ちなみに、韓国の保守派では有名な話ですが、金日成氏が言ったとされる「ガックン戦術」というものがあります。「ガッ（갓）」とは、朝鮮の官帽で、ものすごく軽いのが特徴です。兜《かぶと》みたいに二本の紐を結んで顎《あご》に固定しますが、「韓国というガッを固定している二本の紐は、韓米同盟と日韓関係である。わざわざ二本の紐を全て切らなくても、片方の紐さえ切れば、ガッは風に飛ばされる」。

これが金日成氏の「ガックン（ガッの紐）戦術」です。米国と直接ぶつかって米韓関係を弱体化させることは、韓国右派の反発もあって、左派政権とて容易ではありません。でも、日本との関係を弱体化させることに不満を言う人は、そう多くありません。日本との関係悪化が、結局は米韓関係の弱体化に繋がるという事実に気づいている、一部の人たち以外は。民族統一国家誕生のためにも、これから韓国社会で反日が弱まることはないでしょう。

終章　嘘が暴露する「卑日」の本質

相手を卑しい存在にするために嘘をつく

最初に原稿を書き出した頃から、「最後あたりに、何か独立した内容があるといいな」と思っていました。本書は、「卑日」という大テーマのもとに、K防疫、終戦宣言（南北関係）、次期大統領選挙を小テーマとして考察する構造になっています。それら三つは最初から決めてありましたが、本の最後あたりに、何かもう一つ別の案件が書けたらいいな、と。でも、「卑」からあまり外れすぎた話にはしたくないし、どんな話にしようかと結構悩みましたが、ちょうどピッタリな件もあって、「嘘」に関する内容になりました。

嘘というのは、様々なパターンがあります。善意による嘘もあれば、確実に人を罠にかけるための嘘もあるし、小さい嘘だけど人に深い傷を残すものもあれば、ただの誇大妄想、壮大だけど実害はこれといってない、そんな嘘もあります。その中には、「自分で望んでいる自分自身の姿を手に入れるため」というやっかいな嘘もあります。

「私は偉いんだよ」と嘘をつけばまだ分かりますが、多くの場合、「私以外の誰か」を指定して、「あいつは劣っているんだよ」と嘘をつきます。そうすることで、自分の価値が上がると勘違いをしているわけです。単に喧嘩を売る、陰口を叩くだけでもありません。

見方にもよりますが、イジメ問題なども、結局は誰かに「お前は〜だから劣っている」と嘘を付くことから始まります。そこから得られるものは何か。誰かを劣っていると「異論不可」な状態を作り上げることで、その状態そのものが、自分が偉いという「証拠」になるわけです。

もちろん、実際に得られるものは何もありません。それでも、相手を見下すために、相手を卑しい存在にするために、自分を自分の望む姿に近づけるために、嘘をつき続けます。悲しいことですが、そんな人たちがいます。もちろん、彼らが言う「お前は〜だから劣っている」の〜は、屁理屈です。嘘です。

ソウル大学の研究チームが公開した「日本軍による、朝鮮人慰安婦虐殺の証拠」

二〇一八年のことです。ソウル大学の教授が率いる研究チームが、「日本軍による、朝鮮人慰安婦虐殺の証拠」として、ある映像を公開しました。映像には、大勢の裸の遺体が写っており、重要な部分はモザイク処理されていました。この映像は、大きな話題になりました。それもそのはずで、各メディアだけでなく、ソウル市が前面に出てこの映像を支持、広報していたからです。当時のソウル市長は、朴元淳《パクウォンスン》という人で、前から慰安婦問題に積極的に関わっていた人物です。

二〇〇〇年十二月、日本の九段会館で、昭和天皇を含めた九人を「戦犯」とした、「女性国際戦犯法廷」という模擬裁判が開かれ、そこで参加者たちは戦犯に対し有罪判決を下しました。これは公式裁判ではありませんが、韓国側の政治家やメディアの中には、このイベントの有罪判決を、日本という国家が慰安婦問題の「賠償主体」である根拠だと主張する場合もあります。

その模擬裁判に、韓国側の検事代表として参加し、「日本に連れ去られた慰安婦は十万人以上」「日本が韓国（朝鮮）を植民地にしたのが全ての原因」「歴史を記憶しない人は同じ罪を繰り返す」とし、有罪を強く主張したのも、朴元淳氏です。

彼は、韓国で初めて「セクハラ」が裁判沙汰《ざた》になった一九九三年、勝訴した女性の弁護士だったこともあり、韓国に初めて「セクハラは犯罪だ」を法的に成立させました。それからも女性団体から強い支持を受けるようになり、女性国際戦犯法廷に参加したのも、そういう流れになります。彼はそれからも、左派政府の反日案件に積極的に加わりましたが、二〇二〇年七月、秘書に対する重度のセクハラの容疑がかかったまま、何も明らかにせず自殺してしまいました。

二〇一八年の「虐殺」映像が発表されたのも、ソウル市が主催したカンファレンスでのことで、一九一九年に朝鮮半島で起きた大規模抗日運動、「三・一運動」の九十九周年ということもあって、大きな注目を集めました。三・一運動は、韓国の歴史観では「併合時代の正式政府」である臨時政府が設立されたきっかけとなっており、憲法前文に韓国の建国理念として刻まれています。

それに、慰安婦問題関連で、ここまで「証拠」とされるものが見つかったのは、初めてでした。慰安婦問題に関する日本側の反論はいろいろありますが、基本的には「証拠があるのか」に集約されます。そう、証拠はありません。韓国側にとってこの映像は、韓国側が待ち焦がれていた、その証拠となりうるものでした。地上波放送をはじめ、多くのメディアがこの映像をスクープしました。書き方は少しずつ異なっていても、「やっと証拠が見つかった」と「もう日本も何も言えないだろう」とする趣旨だけは、各記事に共通していました。その中から、二つだけ引用してみます。

「亡くなった日本兵」を「慰安婦」に捏造《ねつぞう》

〈日本軍が朝鮮人慰安婦を虐殺したことを示す映像が公開されました。これまで、日本軍による朝鮮人慰安婦虐殺に関する多くの証言はありましたが、これを証明する映像が公開されたのは初めてです。ソウル大学の研究チームが、米国国立公文書館記録管理庁で見つけた、長さ十九秒のモノクロ映像です。大勢の女性の遺体が広がっていて、中国国民党軍服を着た男性が、遺体の間を行き来して、靴下を脱がしたりしています。この残酷な映像は、米中連合軍が中国の騰衝《とうしょう》（※中国の地名、タンチョン）を日本軍から奪還した翌日に撮ったものです。敗色が濃くなった日本軍は、最後まで戦って死ぬように、朝鮮人慰安婦にも強要しました。日本軍による朝鮮人慰安婦虐殺は明らかに存在しました。日本軍慰安婦は、特殊軍需品でした。軍需品を廃棄するという発想で、日本軍は慰安婦を虐殺したのです。今回公開された映像は、日帝の虐殺犯罪を知っていながらも、連合軍がその責任を徹底的に問わなかったという事実も証明しています……〉

（SBS／二〇一八年二月二十七日）

〈日本軍による朝鮮人慰安婦虐殺の事実が記録された米中連合軍の映像が、初めて公開された。一九四四年、中国の騰衝で朝鮮人慰安婦が虐殺された後、捨てられた姿を撮影した十九秒の白黒映像だ。日本軍が慰安婦を虐殺したという証言や記事などが公開されたことはあるが、現場が撮影された映像が公開されるのは今回が初めてだ。ソウル市は三・一節九十九周年を記念し、二十七日に市庁舎で開催した韓中日「慰安婦国際カンファレンス」で、日本軍が朝鮮人慰安婦を虐殺したことを示す映像を初めて公開した。映像はソウル市とソウル大学人権センターの鄭鎮星《チョンジンソン》教授研究チームが二〇一六年と二〇一七年に実施した米国国立公文書館記録管理庁現地調査で発掘したもので、撮影されてから七十年余りで世に公開されたのだ。ソウル市と研究チームは、「軍による民間人虐殺、特に戦時女性を戦場で動員し、性的『慰安』の道具として使用し、最後に特殊軍物品として廃棄したという発想のもとに虐殺することは、再び繰り返されてはならない。日本は、否定するのではなく、認めて謝罪してこそ、このようなことが繰り返されないようにする端緒になるであろう」と明らかにした。この日のカンファレンスで、ソウル大研究チームのカン・ソンヒョン教授は国史編纂委員会のファン・ビョンジュ編纂研究官とともに発表を行い、「日本政府が慰安婦虐殺の事実を否定している状況で、戦争末期に朝鮮人慰安婦が置かれていた状

況と実態に関する情報を提供する重要な資料になるだろう」と明らかにした……〉

（『京郷新聞』／二〇一八年二月二十七日）

この映像ですが、それから日本内外の人たちから「何かおかしい」と反論されたことはありますが、二〇二一年十二月二十一日、他でもない韓国内で、ソウル大学研究チームが公開した映像の捏造《ねつぞう》が確実なものとなりました。ソウル大学チーム・ソウル市が公開した映像は、大勢の遺体が裸のまま出てくるので、モザイクがかけられています。要は、このモザイクにありました。韓国で慰安婦問題の矛盾に気づき、元慰安婦を名乗る人たちの証言に関しても強い疑問を提起してきた、韓国の市民団体「慰安婦法廃止国民行動」の金柄《キムビョン》憲《ホン》所長。彼がオリジナルの映像を見つけて確認してみた結果、なんと、映像に写っていた遺体は、男性でした。

二〇一八年当時の記事は「発掘」としていますが、そもそも米国では米国国立公文書館記録管理庁の管理下、普通に閲覧できる資料で、その説明によると、映像に写っている遺体は、確かに戦争で犠牲になった市民たちの遺体も含まれているものの、多くは日本軍でした。多分《たぶん》、燃やすなどの処理のために、遺体をオープンピット（蓋をしていない穴）に集めたものでしょう。

米国側の文書には、映像の説明に「Chinese soldiers strip socks off dead Japanese soldiers（死んだ日本軍から、中国軍が靴下を脱がしている）」などと書かれています。ネットからも確認できますが、モノクロ映像でほとんどは米軍ばかり映していますが、一部のシーンで多くの遺体が出てくるので、その点はご注意ください。The National Archives Catalogで検索すると、「.gov」ドメインで同じ名前のサイトがヒットするはずです。扉ページから検索欄が出てくるので、そのまま「THE BATTLE OF TENGCHUNG, CHINA」または「16221」で検索してみてください。映像のURLに「id/16221」が表示されていれば、ヒットです。

米国国立公文書館記録管理庁による写真を説明した文書資料

以下、金所長の主張を紹介している、韓国の保守系ネットメディア「ペンアンドマイク」の記事を引用してみます。

〈二〇一八年二月、ソウル大学人権センターの鄭鎮星教授率いる研究チームが、「朝鮮人慰安婦虐殺の証拠だ」としながら、米軍の記録映像を公開した。これに複数のマスコミが群がり、「日本軍が朝鮮人慰安婦たちを虐殺したという証言と記事はあったが、それらを裏付ける映像がついに発掘された」と、このニュースを大スクープした。しかし、実際の映像の内容が、慰安婦とは無関係なものだったなら、どうだろうか。慰安婦問題を集中探求してきた金柄憲国史教科書研究所所長（市民団体「慰安婦法廃止国民行動」代表）は二十一日、ペンアンドマイク・テレビ（※ペンアンドマイクのユーチューブチャンネルです）に出演、鄭鎮星教授研究チームが公開した映像にどのような問題があるかを詳細に解説した。

映像には、裸の状態の大勢の遺体が写っている。ある男性が、その遺体から靴下を脱がしている。あちこちに散らばっている遺体の間には、煙が立っている。ソウル特別市とソウル大学人権センターが二〇一八年二月二十七日、三・一節九十九周年を迎えて開催した「韓中日慰安婦国際カンファレンス」で公開された映像の内容だ。鄭鎮星教授チームが公開した映像は、第二次世界大戦が真っ最中だった一九四四年九月十三日、米軍と中国国民党軍が中国南部雲南省「騰衝」を占領した二日後、米軍が撮影した映像から抜粋したものだ。

鄭鎮星当時ソウル大人権センター長（現ソウル大学社会学科名誉教授）は、メディアとのインタビューで「証言、文書、写真、映像、もうこれ以上の何が必要なのか？」と言った。研究チームは当時、騰衝には朝鮮人の慰安婦が七十人～八十人がいたが、一九四四年九月十三日、日本軍が三十人の慰安婦を射殺したという内容の文書も見つけたと明らかにした。カン・ソンヒョン成功会大学教授も「この地域のように、日本軍が全滅を覚悟した戦闘地域では、慰安婦と民間人が一緒に暮らして一緒に死ぬことを強要された」とし、「日本軍は、戦時に女性を戦場に動員して慰安の道具とし、特種軍需品の廃棄として射殺した」と主張した。

しかし、金柄憲所長はこのような主張が「デタラメ」とし、当時研究チームの発表内容を正面から反論した。金所長はまず、問題の動画のオリジナルから検討した。ペンアンドマイクも確認したオリジナル映像では、研究チームが「モザイク」処理をして公開した映像の中の遺体の姿が確認できた。該当映像の中の遺体は、誰が見ても女性ではなかった。男の性器が確認できたのだ。

米国国立公文書館記録管理庁は、映像とともに、映像を説明した文書資料も共に公開している。該当文書の内容を見ると、研究チームが慰安婦と主張した部分は、「中国兵士が死亡した日本兵士から靴下をはがしている」「開放されたピットの中の、死んだ市民、女性、子供たち」とそれぞれ説明されている。ペンアンドマイク・テレビに出演する前に、金所長は、当時、カンファレンスで発言したカン・ソンヒョン教授にメールを送り、「該当映像の中の遺体が朝鮮人慰安婦だという証拠があるのか?」と質問したが、カン教授は、「加害していないと証明する責任は、加害者にある」「私にそのような質問をするのは間違っている」という趣旨の返事をした。これにペンアンドマイクのジョン・ギュジェ顧問は、「主張する人に立証責任があるのは当然だろうに」と、呆れた反応を示した……〉

検証結果を一切報道しなかった韓国メディア

モザイクがあったこと。それは、ソウル大学チームが、事前に遺体が男性だと気づいて、意図的に男性のアレを消すためにモザイクを貼ったという意味です。この件、検証があまりにも明快で、個人的に、この記事をブックマークして、次の日まで待ってみました。ペンアンドマイクの記事そのものより、韓国側のメディアがこの件についてどんな反応を示すのか、それが気になったからです。

ですが、何の反応もありませんでした。まず、「ペンアンドマイク」は、とても大手とは言えないメディアです。それに、当時、韓国はまだ新型コロナによる重症患者・死亡者が増えつつありました。それに、大統領候補たちの相次ぐ家族不正と、朴槿恵《パククネ》前大統領の特別赦免、与党の李在明《イジェミン》候補が再び支持率でリードするようになったことなどで、報道が遅れているのだろう……と、私は思いました。でも、それから一週間待ってみても、韓国のメディアはこの件を一切取り上げませんでした。

もしやと思って、記事そのものをネット検索してみました。韓国ではグーグルよりNAVER（ネイバー）、DAUM（ダウム）などポータルサイトの勢力が強く、基本的にはポータルサイトからの検索となります。もちろん、私の検索方法が下手だっただけかもしれませんが、「ペンアンドマイク」の記事の題「朝鮮人慰安婦虐殺証拠だという映像は偽物だった」、または題の一部である「慰安婦　虐殺」や「慰安婦　映像」、内容の核心となる「慰安婦 男性」などで検索してみても、何もヒットしませんでした。

DAUMの「ニュース検索」ではそもそも何もヒットせず、NAVERの場合はいくつか記事がヒットしますが、「ペンアンドマイク」の該当記事ではなく、別のものだけがヒットします。統合検索で、「ペンアンドマイク」の記事やユーチューブチャンネルを引用した個人ブログなどが、いくつかヒットするだけです。

「慰安婦」で検索して、無数に出てくる検索結果から該当記事を見つけようとしても、DAUMではそれすらヒットしません。NAVERではペンアンドマイクの記事が検索結果の中にありましたが、NAVER版記事は存在せず、元ソースのページへのリンクだけでした。繰り返しになりますが「私の検索が下手だから」かもしれません。

でも、私には、それらの検索結果が、巨大なモザイクに見えました。二〇二二年になって、本稿を書きながらもう一度チェックしてみましたが、やはり、何の反応もありませんでした。ソウル市が「知らなかった。もし事実と違う内容だったなら、これから気をつける」といいかげんな返事をしてきたという、「ペンアンドマイク」の後続記事だけです。

岸田文雄総理は、韓国側に「慰安婦合意」の「履行」を要求

「ペンアンドマイク」と金所長が「慰安婦（慰安夫？）」映像の嘘を暴いてからちょうど一週間後、十二月二十八日、その日は、日韓合意、韓国で言う「一二・二八慰安婦合意」

の六周年でした。まだ「アメブロ」でブログをやっていたとき、私は、日韓合意の内容にはどうしても納得がいきませんでした。直接的な記述があったわけではありませんが、「慰安婦という制度はあったけれど、韓国で言う『慰安婦問題』はなかった」というのが、あのときもいまも、私の持論でして。

合意というからには、ありもしない問題を、日本が認めたような感じがして、そこが嫌でした。ただ、すでに国家間の合意がなされたからには、気に入らないからといって否定するわけにもいかないでしょう。これをどう活用するかを考えていきたい、そんな趣旨をブログに書いた記憶があります。それから、もう六年になります。

その日、岸田文雄総理は、韓国側に慰安婦合意の「履行」を要求し、「約束を守らない国とは、どんな議論も意味がない」と言いました。韓国関連情報をチェックされる読者の方ならご存じでしょうけど、韓国はすでに「不履行」を宣言しています。

文在寅政権になった直後の二〇一八年一月九日、当時外交部長官だった康京和《カンギョンファ》氏は「韓日慰安婦合意処理に関する政府の立場」として、大まかに八つの内容を発表しました。「慰安婦被害者の名誉尊厳回復などのために、韓国政府としてできることはなんでもする」「そのために被害者関連団体や国民の意見を受け入れる」「日本から受け取った十億円の出捐金《しゅつえんきん》は、政府予算として充当し（※日本からもらったお金はこれ以上使わないという意味）、残りの出捐金をどうするかは日本と相談する」

「慰安婦合意でできた財団をどうするかは、後続措置を行う（※その後、解体されました）」「慰安婦合意は、慰安婦問題の解決にはならない」「両国合意だったことは認めるしかない。再合意は要求しない。ただ、日本自ら真実をありのままに認め、被害者の心の傷の治癒のために頑張るよう求める」

「真実を明らかにするために、日本との未来志向のためにも頑張る」

「この発表は、被害者の要求を満たすことができないだろう。申し訳ない。これからも後続措置を取る」

日本のメディアの中には、この発表を「再合意は要求しないと話した」と、無理して好意的に伝えるところもありました。しかし、これは明らかに「合意ではあるが、履行しない」という宣言であり、再合意を要求しないというのも、「人権問題であるため、国家間合意で解決できる問題ではない」という、いわゆる「国民感情」を法より優先するスタンスにすぎません。

慰安婦合意のとき、岸田総理は外相でした。首相になってから迎える慰安婦合意六周年は、また格別だったのでしょう。しかし、韓国では何もこれといった反応がなく、「両国共に合意を破棄、謝罪せよ」という集会が開かれていました。

「正義記憶連帯（旧・挺対協《ていたいきょう》）」の要求

〈岸田文雄日本首相が、「韓日慰安婦合意」六周年である今日、韓国側に合意履行を重ねて要求したと「共同通信」が報道しました。「共同通信」によると、岸田首相は「最低限で、国家間の約束を守らないなら、今後どんな議論をしても意味がない」としながら、このように話しました。韓日慰安婦合意は、二〇一五年十二月二十八日、両国外交長官が、慰安婦問題が「最終的、不可逆的に解決されたことに合意された」と締結した、いわゆる「一二・二八合意」のことです。岸田首相は日本軍慰安婦合意当時の日本外務相で、ユン・ビョンセ当時外交部長官とともに合意内容を発表したことがあります。

文在寅政府は、発足後、慰安婦合意が「国民が情緒的に受け入れることができない」という判断で見直し作業を経た後、慰安婦合意により設立された和解・治癒財団を二〇一八年、解散決定しました。これに日本政府は「韓国が慰安婦合意を一方的に破棄した」として韓国政府に責任があるという立場を固守してきました。韓日慰安婦合意に関連して、韓国市民社会団体は今日、日本政府のちゃんとした謝罪がなく、戦争犯罪の法的責任も入っていないと反発し、合意の破棄を促しました……〉

（KBS／十二月二十八日）

〈正義記憶連帯（正義連、旧・挺対協《ていたいきょう》）が韓日慰安婦合意六年目を迎え、「二〇一五年慰安婦合意の失敗を認め、問題解決のために積極的に動く」ことを韓日政府に促した。正義連は二十八日、「手続き、形式、内容すべての面で問題がある慰安婦合意」とし、「六年の間、問題を解決するどころか、未来への足かせになっている」と批判した。正義連は「日本政府は、日本が失ったのは十億円だけだと明らかにし、慰安婦合意を問題を消し去るための道具として利用している」と指摘した。正義連はまた、「日本政府は、被害者が一人でも生きている間に事実を認め、取り消しのできない謝罪と、真相究明と再発防止を約束し、具体的に実践せよ」とし、「韓国政府は被害者中心原則という言葉ばかりオウムのように繰り返さないで、大韓民国の地位にふさわしい行動を実践して見せろ」と要求した〉

（「ニュース1」／同日）

「大韓民国の地位にふさわしい行動を見せろ」

期待もしませんでしたが、関連ニュースに、例の慰安婦映像に関連したものはありませんでした。そう、期待もしていませんでしたが、それでも妙な気分でした。正義連は、「なぜ日本は『最終的・不可逆的解決』『国際法違反』だけ繰り返すのか」としていますが、条約や合意にそう書いてあるから当たり前でしょう。

また、正義連は韓国政府に対しても、「大韓民国の地位にふさわしい行動を見せろ」と要求しましたが、約束を守ることに、「地位」が何の関係があるのでしょうか。韓国は、何かあればすぐに「地位（韓国で言う「位相」など）」や「格」といった単語を取り出しますが、まずは「対等」という関係が何なのかを認めない限り、地位には何の意味もないでしょう。

翌日、二十九日には、韓国の鄭義溶《チョンウィヨン》外交部長官が、二〇二一年最後となる記者懇談会で、記者たちの質疑に応じました。同じく、期待はしなかったものの、何か、例の慰安婦映像関連の質問または発言があるのかと思いましたが、それすらもありませんでした。

鄭長官が話した内容は、「韓米間で終戦宣言の重要性について共感をしている。米韓の間ですでに終戦宣言の文案に、事実上、合意している」「北京冬季オリンピックの外交的不参加は、検討していない」「北朝鮮、中国と韓国は特殊な関係にあり、安全保障と直結しているので、協力すべき部分が多く、中国・北朝鮮の人権に関する国際社会の努力に、韓国政府は直接参加しないことにしている」「慰安婦問題や旧朝鮮半島出身労働者問題は、その罪の源がどちらにあるのかは、皆さんもあまりにもよくご存じではないか。日本が前向きに出るべきだ」などでした。

特殊なモザイクの中で誰かを見下す「卑」

そう、誰かを見下す「卑」など、所詮《しょせん》はモザイクのようなものです。嘘でできている、ただ現実が見えないようにしたモザイクにすぎません。それを剝《は》がし、ありのままに見ること。それは決して、自分を低くするものではありません。それでこそ認められることもあるし、それでこそ「対等」たる概念の土台に立つこともできましょう。

条約や合意による対等を主張する日本と、被害者・加害者としての関係ばかりを極大化した善悪論もどきによる上下関係（善は悪より上にある）を主張する韓国。反日思想、いや日韓関係そのものにおいて、もっとも分かりやすい対立点でもあります。

安倍総理の頃から、日本は韓国側の「甘え」にいちいち答えず、「国家間の約束を守れ」と要求するようになりました。ひょっとすると、韓国で「卑日」という反日ウィルスの変異株が生まれたのは、その「対等」たる要求から逃げるための、モザイクなのかもしれません。

他にも、最近、韓国側の記事、特に日本関連記事には、「地位（韓国で言う「位相」）」という単語が目立つようになりました。もともと結構頻繁に出てくる単語でしたが、最近は本当に増えました。「G8」騒ぎのあたりから急増した気もしますが……別に検証してみたわけではありません。結局は「自分のできることをやる」人が評価され、そういうことが少しずつ積もって、真の「立ち位置」が決まるものでしょう。

「少しずつ積もっていく」より、もっとデジタル的な、例えば「○月○日からAがBより上」などの考え方は、地位というよりは「階級」または「身分」のほうが近いかもしれません。韓国が欲しがっているのは、そういうものではないでしょうか。

特に、本書の日韓関係についての部分でも紹介しましたが、「韓国は何もしなくていい」とする主張が広がっている点、これは本当に朝鮮時代の両班（ヤンバン、貴族階級）の考え方そっくりです。韓国には、「両班は水に溺れても手足をバタバタしない」「急に雨に降られても、両班は走ったりしない」など、両班関連でふざけた諺《ことわざ》がいくつかあります。

それは、自分では何もしない両班を皮肉るためのものです。とにかく何もしなくてもなんとかなるのが、両班の美徳でした。何もしなくてもなんとかなるのは、自分自身が偉いからです。身分が高いから、卑賤《ひせん》な誰かが代わりにやってくれるわけです。

さて、どうでしょう。韓国（朝鮮）が、「あ、何もしなくていいんだな」と思ったのは、一八四二年にもありました。アヘン戦争で中国（清《しん》）が負けたことで、日本は危機感を覚え、脱亜論の必要性を切実に感じた、あのときです。朝鮮は、何もしなければいい、と思いました。清は西洋人たちを哀れに思って港をいくつか開放しただけだ、と信じたからです。自分の目にモザイクをかけて、そう信じることにしたのかもしれません。

日本経済産業省東アジア研究員出身の著述家ユ・ミンホ氏は、当時の朝鮮の対応をこう書いています。「野蛮な西洋人を可哀想《かわいそう》に思い、中国の深い度量に基づいて、外国に部分的に扉を開けることになったという、中華思想に基づいた清の通知を、朝鮮はそのまま信じたのだ」（『月刊朝鮮』／二〇二一年九月号）」。

それは、信じたくもなったのでしょう。西洋人は野蛮人だという「証拠」が、「卑西」

できる「点」が手に入ったわけですから。見下し、何もしなければいいのです。地位、いや身分が高いからそれでいいと、彼らだけの特殊なモザイクの中で。

「卑日」の本質、ここにあり！　我ながら良いエンディングです。いや、良くないですけど。

デザイン／嶋田小夜子（KOGUMA OFFICE）
photo／getty images

シンシアリー (SincereLEE)

1970年代、韓国生まれ、韓国育ちの生粋の韓国人。歯科医院を休業し、2017年春より日本 へ移住。母から日韓併合時代に学んだ日本語を教えられ、子供のころから日本の雑誌やアニメで日本語に親しんできた。また、日本の地上波放送のテレビを録画したビデオなどから日本の姿を知り、日本の雑誌や書籍からも、韓国で敵視している日本はどこにも存在しないことを知る。アメリカの行政学者アレイン・アイルランドが1926年に発表した「The New Korea」に書かれた、韓国が声高に叫ぶ「人類史上最悪の植民地支配」とはおよそかけ離れた日韓併合の真実を世に知らしめるために始めた、韓国の反日思想への皮肉を綴った日記「シンシアリーのブログ」は1日10万PVを超え、日本人に愛読されている。初めての著書『韓国人による恥韓論』、第２弾『韓国人による沈韓論』、第３弾『韓国人が暴く黒韓史』、第４弾『韓国人による震韓論』、第５弾『韓国人による嘘韓論』、第６弾『韓国人による北韓論』、第７弾『韓国人による末韓論』、第８弾『韓国人による罪韓論』、第９弾『朝 鮮半島統一後に日本に起こること』、第10弾『「徴用工」の悪心』、第11弾『文在寅政権の末路』、第12弾『反日異常事態』、第13弾『恥韓の根源』、第14弾『文在寅政権　最後の暴走』、『なぜ日本の「ご飯」は美味しいのか』『人を楽にしてくれる国・日本』『なぜ韓国人は借りたお金を返さないのか』『日本語の行間』(扶桑社新書)など、著書は70万部超のベストセラーとなる。

扶桑社新書 423

卑日

発行日 2022年3月1日　初版第1刷発行

著　　者………シンシアリー

発 行 者………秋尾 弘史

発 行 所………株式会社 扶桑社

〒105-8070
東京都港区芝浦1-1-1 浜松町ビルディング
電話 03-6368-8870(編集)
03-6368-8891(郵便室)
www.fusosha.co.jp

DTP制作………株式会社 Office SASAI

印刷・製本………中央精版印刷株式会社

Printed in Japan　ISBN 978-4-594-09104-0